M. & Mme ED. QUARTIER-LA-TENTE

CAUSERIES DU FOYER

ESSAIS VARIÉS

DE

MORALE PRATIQUE

PARIS
LIBRAIRIE FISCHBACHER
(Société anonyme)
33, RUE DE SEINE, 33
1892

Tous droits réservés.

CAUSERIES DU FOYER

NEUCHATEL — IMPRIMERIE ATTINGER FRÈRES

M. & Mme ED. QUARTIER-LA-TENTE

CAUSERIES DU FOYER

ESSAIS VARIÉS
DE
MORALE PRATIQUE

PARIS
LIBRAIRIE FISCHBACHER
(Société anonyme)
33, RUE DE SEINE, 33
1892
Tous droits réservés.

PRÉFACE

On nous a parfois exprimé le désir de voir réunis en volume les divers articles de morale pratique que nous avons fait paraitre ces dernières années dans un journal de la famille. Notre intention était d'attendre encore et de former une série d'études bien liées entre elles. Mais le champ de la morale est si vaste et les lecteurs aiment si peu les gros volumes que nous nous sommes décidés à livrer maintenant ces pages au public.

Nos réflexions, nos expériences, nos souffrances nous les ont suggérées et nous espérons qu'elles trouveront un écho dans quelques âmes; les leçons de la vie ont peut-être inspiré à certains lecteurs des idées opposées à celles que nous exprimons, mais l'exercice de comparaison et de discussion qu'elles feront naître dans l'esprit ne sera pas inutile.

Si ces études ne répondent pas au goût du solitaire, elles diront peut-être quelque chose à l'homme sociable, au père et à la mère que préoccupent le bonheur de leur foyer et l'avenir de leurs enfants. Ce ne sont pas des dissertations philosophiques, ce sont des causeries à bâtons rompus et si ceux qui les liront passent quelques moments agréables et en tirent quelque profit, nous n'ambitionnons pas d'autre récompense de ce travail.

Saint-Blaise, Avril 1892.

E. QUARTIER-LA-TENTE.

LA VIE HUMAINE

> On ne peut jamais être fatigué de la vie,
> on n'est fatigué que de soi-même.
> CARMEN SYLVA.
>
> La vie est un tunnel obscur au bout duquel rayonnent les lueurs de l'infini.
> DIONYS ORDINAIRE.

Pauvre vie humaine! T'a-t-on assez décriée, calomniée et même maudite! Pour quelques-uns qui ont chanté les rares attraits que tu peux offrir, que de milliers avant Salomon et après lui t'ont jugée plate et insipide, perfide et cruelle! Et pourtant, tu es encore ce que nous avons de plus précieux, et quel que soit le mépris que nous affichions à ton égard, nous nous cramponnons à toi de toutes nos forces. S'il nous était donné de choisir le moment de notre mort, le plus grand nombre renverraient tant et si bien qu'ils dureraient des siècles, à supposer même qu'ils arrivassent à se décider une fois ou l'autre. L'instinct de vivre ou l'instinct de la conservation personnelle est un vrai bienfait de la Providence; si ce sentiment venait à s'émousser ou à s'éteindre, on n'ose prévoir ce que deviendrait l'humanité.

Le problème de la vie a fait l'objet des recherches et des réflexions des philosophes et des penseurs de tous les temps et de tous les pays. Les matérialistes n'y ont vu qu'une parcelle d'intelligence liée à une parcelle de matière, ou un ensemble de phénomènes qui se succèdent pendant un temps limité dans les êtres organisés. Les médecins y ont vu « l'ensemble des fonctions qui résistent à la mort ». D'autres, frappés de sa brièveté, l'ont appelée : un moment entre deux éternités, ou encore, un accident sombre entre deux sommeils infinis.

La plupart des définitions concernant la vie portent un cachet de misanthropie ou du moins de découragement. Nous sommes loin d'en être étonnés, car les quelques joies que nous y rencontrons sont chèrement payées par les angoisses intimes ou les catastrophes accablantes qui nous épuisent peu à peu et auxquelles personne n'échappe.

Ceux qui se jettent à corps perdu dans l'activité dévorante qui est le propre de notre époque, se plaignent de fatigue, d'énervement, de déceptions. La vie est un tourbillon, disent-ils; elle fait tant de bruit que nous nous imaginons qu'il n'y en a jamais eu de pareille. L'agitation n'est pas toujours une marche en avant; bien des carrières mouvementées, et en apparence bien remplies, n'ont eu aucun résultat final appréciable. Il y a une grande différence entre une vie agitée et une vie active; cette dernière, bien comprise et bien dirigée, demande le concours de toutes les forces de l'homme; or, la vie consiste surtout dans une tension plus ou moins énergique : le relâchement, c'est la maladie, c'est la mort. La volonté de l'âme et l'énergie du corps maintiennent et augmentent la vitalité, tandis que la tristesse et le dégoût l'affaiblissent et finissent par l'annuler. Du reste, l'activité, le travail, la tension sont tellement voulus par la Providence que ceux qui ont tenté de s'y soustraire ont senti leurs forces physiques et morales, conditions de la santé et du bonheur, décliner rapidement.

Il nous paraît en général que nous ne sommes pas responsables de notre existence; elle nous a été octroyée sans notre consentement et notre approbation. Malgré cela, un penseur nous déclare que, quoique la vie nous paraisse d'abord donnée gratuitement, la nature envoie la note par la suite. « Elle nous donne l'être, elle nous l'orne pendant dix-huit ou vingt années de biens réels ou imaginaires ; puis, au moment où nous nous y attendons le moins et où nous avons le moins d'argent, la voilà sur notre dos avec des mandats payables à vue. »

Cette réflexion ingénieuse revient à dire que les épreuves et les soucis de l'existence sont comme un paiement ou une rançon. Le désappointement et l'amertume que la vie fait naître sont souvent aussi le fruit de nos prétentions et de notre égoïsme. Au lieu d'accepter modestement et gracieusement ce qui est sur la carte du banquet, nous nous asseyons à la table de la vie en réclamant les plus savoureux aliments et les vins les plus fins. Ne lui demandons que ce qu'elle peut nous donner, ou mieux encore, n'attendons rien d'elle. La vie est comme les amis : moins on compte sur eux, mieux cela vaut.

Le philosophe sérieux et le chrétien l'ont considérée comme une école de perfectionnement. Les pensées qu'elle leur a suggérées à ce point de vue sont admirables et consolantes. Ils ont vu dans notre court passage ici-bas une préparation à une vie heureuse et éternelle. « Vivre, c'est attendre, » dit Lamartine. « Cette vie est le berceau de l'autre, » dit Joubert. Comme dans l'arène où combattaient les fiers gladiateurs, ceux qui succombent dans l'arène de la vie ne sont pas toujours les plus faibles ; ce sont souvent ceux qui ont le plus longtemps et le mieux résisté. La vie n'est ni belle, ni laide ; elle n'est ni un plaisir, ni une douleur ; ceux qui l'aiment trop et ceux qui la haïssent trop sont dans le faux. Elle est quelque chose de nécessaire, de fatal, que nous devons endurer jusqu'au bout avec patience et même avec reconnaissance. Si dure qu'elle soit, tant qu'on peut être bon à quelque chose ou à quelqu'un, il faut l'accepter et la bénir.

Il serait intéressant de considérer les notions des différents peuples sur ce sujet ; de supposer, d'après leur manière de vivre, ce qu'un Zoulou, un Canaque ou un Groenlandais peuvent en penser dans leur for intérieur. Mais peut-être n'ont-ils jamais eu l'idée d'y réfléchir. C'est notre civilisation compliquée et un peu maladive qui nous pousse à chercher les causes de tout et nous n'en sommes pas plus heureux, au contraire.

LE « MOI »

> Les meilleurs sentiments de l'homme sont ceux où le moi n'a point de place.
> VINET.
>
> Nous sommes souvent moins conduits à nous aimer exclusivement par un égoïsme qui nous soit propre, que par celui que nous supposons dans les autres.
> DELINGRÉ.

L'amour de soi est inhérent au sentiment même de l'existence et il est une condition de la conservation et du perfectionnement de l'être humain. Ce qui est autour de nous, ce qui nous appartient légitimement à l'extérieur, nos immeubles, notre argent, notre famille, est sujet à toutes sortes de fluctuations qui peuvent nous l'enlever. Notre « moi » seul est vraiment à nous, et encore quelle propriété peu sûre !

Notre corps est sans cesse exposé aux accidents ou à la maladie; notre âme peut nous être redemandée d'un instant à l'autre, notre intelligence, notre mémoire, notre volonté peuvent s'éteindre, notre jeunesse et nos forces s'évanouissent à vue d'œil. Tous ces éléments qui composent notre « moi », et dont nous sommes si fiers, peuvent nous échapper au moment où nous y pensons le moins. Est-ce peut-être en raison même de cette fragilité que l'homme est si occupé de lui-même, si attaché à sa personne? C'est fort possible; un poète disait en parlant du corps humain : « Guenille si l'on veut, ma guenille m'est chère. »

L'amour de soi n'est donc pas un crime, c'est un sentiment légitime et même louable, à moins qu'on n'en arrive à oublier ou à sacrifier autrui pour son intérêt et sa satisfaction personnelle. C'est ici que se produisent l'égoïsme et l'amour-propre, qui eux, sont condamnables et dangereux.

Nous voudrions être plus érudit pour parler en connaissance de cause des intéressantes observations des philosophes allemands et anglais sur ce sujet.

Kant, Schlegel, Schopenhauer, Spener et Spencer en ont longuement parlé, et leurs données, quoique parfois ennuyeuses et obscures, ne manquent pas d'originalité. La personnalité humaine a donc fait, surtout dans ce siècle, l'objet de la sollicitude des penseurs, et-elle en vaut la peine, si frêle et si bornée qu'elle soit. Nous serions même surpris si les anciens auteurs grecs et latins ne s'en étaient point occupés; mais ils ne s'y sont probablement pas arrêtés longtemps, les esprits étant moins tournés vers les études abstraites à cette époque.

On ne peut nier que l'amour de soi n'ait pris dans ce siècle un développement excessif. Il est vrai que la lutte pour l'existence est plus ardue que jamais; toutes les professions, libérales et manuelles, ont peine à trouver un champ d'activité; aussi les relations sociales se ressentent-elles de cette fièvre, souvent surexcitée par l'ambition et qui pousse l'homme à avancer, à jouer des coudes, fût-ce en repoussant et même en blessant un voisin. L'amour de soi a étouffé l'amour des autres dans bien des cœurs.

Dans la littérature, la recherche du « moi »

a pris une forme très curieuse qui excitera probablement la surprise des générations à venir. Ici, ce n'est point l'intérêt et l'ambition qui jouent le rôle principal, c'est une sensibilité presque maladive qui conduit nos écrivains à s'examiner, à s'analyser, à s'ausculter et à nous livrer ensuite le résultat de leurs observations dans des volumes d'un charme exquis. C'est ainsi que nous avons pu lire successivement le *Journal intime*, d'Amiel, les *Souvenirs d'enfance*, de Tolstoï, les *Souvenirs personnels*, de F. Sarcey, le *Livre de mon ami*, d'Anatole France, *Quand j'étais petit*, de L. Biart, *Soixante ans de souvenirs*, de Legouvé, le *Roman d'un enfant*, de Loti et d'autres encore que nous oublions. Nous donnons à dessein les noms des auteurs, afin que personne ne néglige de lire ces ouvrages, si l'occasion s'en présente ; ce ne sera pas du temps perdu, car l'élite des écrivains a seule jusqu'ici cultivé ce genre absolument personnel. Ce sont des souvenirs, des réminiscences de leur vie d'enfant, de jeune homme, d'homme fait ou de vieillard ; ils ont tiré de ces faits pour la plupart insignifiants, des pages admirables ;

ils ont puisé dans leur vie et dans leur cœur comme dans une mine inépuisable, et ils y ont fait des découvertes imprévues. C'est de cet examen attentif que sont sortis les romans psychologiques qui passionnent la génération présente.

Eh bien! si éloquentes que soient ces pages, si intéressants que soient ces souvenirs, nous ne pouvons nous empêcher de voir dans ce genre de littérature cet amour, cette recherche de soi qui est un des dangers de notre époque.

Nous, public, nous sommes de bons enfants d'admirer sans réserve ces belles pages; ne nous laissons-nous pas intéresser par des faits qui nous sont arrivés à nous-mêmes et que nous raconterions à peine à un ami intime, tant ils sont puérils? Je sais que c'est très admirable de faire quelque chose avec rien, mais que reste-t-il une fois que le charme de la première lecture a passé? N'est-ce pas aussi un peu prétentieux de vouloir occuper le public de petites joies et de petites infortunes qui sont en définitive celles de tout le monde? Ce genre nous a séduit, aussi longtemps qu'il a été cultivé par des esprits supérieurs et des mains habiles et déliées qui savent broder sur un canevas imperceptible; mais que deviendra-t-il entre les mains d'écrivains médiocres ou mauvais? Attendons et nous verrons. Bien d'autres toquades ont disparu en peu de temps; d'autres ont persisté plus longtemps qu'on était en droit d'y compter.

Aimons-nous donc, puisque c'est une condition de notre existence; soignons-nous, puisque c'est une condition de notre santé; observons-nous, puisque c'est une condition de notre perfectionnement; mais parlons de nous le moins possible, il y a tant d'autres sujets plus intéressants. Et en ces temps de « chacun pour soi », pensons aux autres; laissons-leur une place à côté de nous et cédons-leur même de bonne grâce une partie de la nôtre, s'il le faut.

LA FAIBLESSE

> Les indécis, peuples ou individus, ont les inconvénients de tout et les bénéfices de rien. G. TOURNADE.
>
> Rien ne rend hésitant comme la finesse et la pénétration. M. T.

La faiblesse n'est pas un vice, a-t-on dit, mais elle y conduit. L'homme faible ne fait et ne combine pas le mal, mais il le laisse faire et même s'y associe souvent, pour n'avoir point à discuter, à contester, à dire « non ». Il semble que cette disposition n'implique pas quelque chose de bien grave, cependant elle peut conduire aux chutes les plus profondes. Elle enlève le respect et la confiance, et c'est elle qui, dans les relations du foyer domestique, empoisonne le plus d'existences. Quelle estime une femme aura-t-elle pour son mari, lorsqu'elle aura découvert qu'il ne sait résister à aucune sollicitation de ceux qu'il rencontre? La moindre insistance le désarme; et cette faiblesse le conduit à accepter des propositions dont il ne se soucie pas et à accomplir des actes que sa conscience réprouve. Il veillera tard et boira plus que de raison pour tenir compagnie à un ami qui le presse de rester; il prêtera de l'argent ou garantira un paiement, parce qu'il n'a pas le courage de refuser. Sa volonté et ses principes sont annihilés; il est soumis à toutes les influences, surtout aux mauvaises, car ces dernières sont plus nombreuses que les bonnes. Aujourd'hui il a telle opinion, demain il dira le contraire, car les raisonnements qu'il a entendus lui ont fait adopter une autre manière de voir. Il n'est point mauvais mari et mauvais père, il n'en aurait pas la force; toutefois sa femme et ses enfants sont malheureux. Une direction sage et éclairée leur fait défaut; ils ne comptent plus, en aucune circonstance, sur le chef de famille, car il a si souvent manqué à ses promesses qu'ils n'ont plus de confiance. Il arrive parfois que l'homme faible, honteux de son état, prend soudain la résolution de montrer qu'il sait vouloir ; après avoir tout laissé passer pendant des mois, il prétend tout à coup faire le maitre et réparer son incurie par une tyrannie exagérée ; cette crise dure peu, en général, et elle se produit presque toujours dans les moments les moins opportuns et pour les causes les plus ridicules. Il semble découvrir tout à coup que le ménage est mal tenu, que sa femme dépense trop, que ses enfants ont de mauvaises manières, et il tonne, et il punit à tort et à travers, pour retomber peu après dans son inertie.

Que de fois n'a-t-il pas pris la résolution et n'a-t-il pas promis à sa femme d'être plus ferme, de rompre avec telle compagnie, de renoncer à telle habitude ! Mais il ajourne, il en renvoie l'exécution, et il est bien naturel que, s'il manque d'énergie au moment où il a pris une résolution, il en aura encore moins plus tard. Le monde est plein de ces bonnes volontés imparfaites qui ne vont jamais jusqu'à l'exécution. L'enfer est pavé de bonnes intentions, a-t-on dit avec raison.

Les désirs, les paroles, les promesses ne servent de rien, si elles n'aboutissent à un changement, et une petite bonne action sera toujours préférable à une grande bonne intention.

Il serait injuste d'appeler faible toute personne qui hésite à prendre un parti. Il y a dans cette indécision un désir très louable de faire pour le mieux et de ne rien laisser au hasard. Les esprits fins et pénétrants sont facilement indécis; ils voient les divers côtés des choses, balancent le pour et le contre et ont mille peines à se décider. Les esprits bornés prennent facilement un parti, parce qu'ils ne voient qu'un côté des choses; cela leur réussit dans le cas où le temps presse et où une prompte décision est de rigueur. Mais dans combien de circonstances cette appréciation rapide, suivie d'une exécution immédiate, ne leur a-t-elle pas fait faire des sottises? Ils n'en acquièrent pas moins la réputation d'hommes fermes et énergiques.

Si l'indécision provient souvent d'une grande perspicacité et fait preuve d'un esprit réfléchi et consciencieux, elle doit être assez raisonnable pour ne pas s'éterniser dans des hésitations énervantes. Si l'on voulait calculer les conséquences possibles de tous les actes, on n'oserait se décider ni dans un sens ni dans un autre. « Rien n'égale, dit un penseur, le soulagement d'un esprit indécis auquel on épargne la peine de prendre un parti. » Ce qu'il y a de terrible, c'est qu'une fois le parti pris, et non sans peine, l'indécis ne tarde pas à regretter de n'avoir pas agi autrement ; ce qu'il a choisi lui paraît inférieur à ce qu'il a laissé de côté.

La faiblesse et l'indécision ne tiennent pas toujours à des causes morales ; elles sont parfois le résultat d'un mauvais état de santé, d'une grande fatigue ou encore d'une espèce de philosophie provenant de la lutte pour la vie ou contre la vie. « Il y a, dit Joubert, une faiblesse de corps qui procède de la force de l'esprit, et une faiblesse d'esprit qui procède de la force du corps. Il y a des tempéraments frêles et usés qu'une résolution énergique tuerait ; leur faiblesse est digne de tout respect, aussi les penseurs leur consacrent des remarques pleines de bienveillance. » La faiblesse qui conserve vaut mieux que la force qui détruit. La patience est l'appui de la faiblesse ; l'impatience est la ruine de la force. Que la faiblesse physique ne se fasse pas d'illusions sur son état et que les épaules sans force ne demandent pas de lourds fardeaux qui les écraseraient ! »

Hâtons-nous d'ajouter qu'on voit parfois des corps débiles renfermer des volontés de fer devant lesquelles tout doit plier.

Bien des tempéraments deviennent faibles par suite de luttes prolongées ou de pénibles expériences. Il leur semble qu'il ne vaille plus la peine de regimber, de lutter contre les hommes ou contre les événements. Ils acquièrent une sorte de passivité, parfois bienveillante, parfois grincheuse, que Roget, moraliste genevois, dépeint admirablement par ces paroles : « La volonté s'use par les déceptions et les mécomptes ; à force d'avoir voulu en vain, on ne veut plus, ou plutôt on a peur de vouloir, et cette peur jette dans une vie de négation où l'on se refuse à tout pour n'être pas blessé. »

Les froissements trop rudes détendent les ressorts de la volonté et tuent l'énergie et l'esprit d'initiative. On blâme les jeunes et les vieux, qui, dégoûtés et fatigués de la lutte, se retirent du monde, pour n'en pas être blessés. Il est vrai qu'il serait plus viril de rester dans la mêlée, au risque d'être bousculé ou écrasé, mais il ne nous appartient pas de juger.

Dieu sera sans doute indulgent pour les santés chancelantes et les âmes froissées, qui n'ont jamais eu ou qui n'ont plus la force de lutter avec le monde.

Du reste, qui pourra jamais saisir la ligne de démarcation entre la faiblesse et la bonté? Le royaume des cieux est aux débonnaires; or, le monde ne sourit-il pas des débonnaires et ne les confond-il pas avec les faibles? Si la charité est la vertu par excellence, où la trouve-t-on de préférence? Chez les violents et les énergiques, ou chez les faibles et les patients?

LA MINUTIE

> En général on exige trop de talent pour les petits travaux et on en exige trop peu pour les grands. La Beaumelle.

> Ceux qui s'appliquent trop aux petites choses deviennent ordinairement incapables de grandes. La Rochefoucault.

Si, dans toutes les manifestations de son activité, le but de l'homme est la poursuite de la perfection, il n'est accordé qu'à quelques créatures privilégiées de se vouer exclusivement à la pratique d'un art ou d'une profession, de manière à l'amener à un haut degré de perfectionnement. Nous sommes assez disposés ou plutôt habitués à ne considérer comme âmes d'élite que celles qui cultivent avec enthousiasme et avec succès la poésie, la peinture, la musique ou l'éloquence. D'autres vocations plus prosaïques ont eu leurs génies, si l'on peut appeler de ce nom les individus qui, placés dans une situation infime et obligés de vivre du travail de leurs mains, ont apporté à leurs occupations cet ardent désir du bien et du mieux qui dévore certains tempéraments, et auquel nous devons les progrès accomplis jusqu'ici dans tout ce qui touche à notre bien-être matériel. Cette recherche exige presque toujours une tension excessive de l'esprit, une absorption presque complète de l'individu dans l'objet qui l'occupe; et ceux-là seuls qui ont eu le temps et les moyens de s'y vouer tout à fait, ont pu arriver à réaliser jusqu'à un certain point leur soif de perfection. Un poète, un musicien, un peintre ou un orateur pourraient-ils jamais produire des chefs-d'œuvre, si leurs forces et leur attention devaient se porter dans différentes directions, et s'ils étaient dérangés à chaque instant de leur travail par d'autres devoirs ?

C'est pour cela que bien des auteurs ont

pu dire avec raison, et même avec une certaine ostentation, que la femme n'a jamais possédé de talents transcendants et qu'on n'a jamais entendu parler de femme-génie. Il est très rare, en effet, que cette dernière puisse consacrer son temps et ses forces à une étude ou à un art spécial, de manière à s'y distinguer ; elle y parviendrait très certainement, si son activité ne se portait pas sur tant de domaines différents qui sont pour elle le devoir immédiat, devant lequel tout doit céder.

Cependant, cette soif de perfection, qui est un des signes les plus certains de l'image de Dieu en nous, poursuit souvent la femme jusque dans les petits détails et les petits devoirs dont sa vie journalière est semée. Combien n'en voyons-nous pas qui y apportent une véritable passion, et qui, de jeunes filles intelligentes et même artistes qu'elles étaient, sont devenues des ménagères ou des maîtresses de maison admirables.

Dans notre pays, la tâche de la femme est fort grande, car elle remplit souvent dans son foyer les rôles de cuisinière, femme de chambre, bonne d'enfants, tailleuse et jardinière ; un grand nombre travaillent, en outre, pour gagner quelque argent destiné à soutenir le ménage ; même dans les positions très aisées, la femme tient souvent à honneur de soigner elle-même ses petits enfants et de surveiller son intérieur. Il arrive assez fréquemment qu'elle attache à ces divers devoirs une importance telle, qu'en voulant les accomplir tous avec une scrupuleuse exactitude, elle perd en quelque sorte la notion du temps et des forces dont elle dispose. De même qu'un homme, fût-il très supérieur, ne peut aspirer à être à la fois peintre, sculpteur, musicien, chanteur ou ingénieur, de même la femme la plus adroite et la plus active ne peut, sans danger, aspirer à être en même temps aussi bonne cuisinière, aussi bonne blanchisseuse, aussi bonne couturière que les personnes qui ont fait de longs apprentissages et qui consacrent tout leur temps à ces divers métiers. Une intelligente maîtresse de maison s'efforcera donc d'accomplir consciencieusement tous ses devoirs, mais sans vouer trop de temps et de soins aux uns au détriment des autres. Que de femmes agitées et énervées ne rencontrons-nous pas sur le chemin de la vie qui, pour ne pas savoir partager leur temps entre leurs nombreuses obligations, sont toujours fiévreuses parce que certains travaux sont arriérés, et toujours harassées parce qu'elles travaillent au delà de leurs forces ? D'autres, dont la tâche est plus lourde, savent rester calmes et sereines et s'accordent même à l'occasion quelques moments de loisir bien mérités.

Ces dispositions différentes proviennent de plusieurs causes : le tempérament, l'état de santé, les habitudes, les besoins si variés de chaque ménage, y sont pour quelque chose ; mais il faut ajouter encore l'exactitude minutieuse dans l'exercice des devoirs journaliers. Quoique la minutie résulte d'un amour très louable de la perfection, nous l'avons rencontrée chez des personnes bornées ; c'est alors le fait d'une certaine opiniâtreté à vouloir faire les choses d'une certaine façon, même s'il est prouvé que ces choses-là peuvent se faire aussi bien et plus vite d'une autre manière. La minutie, chez une femme intelligente, devient une source de souffrance et d'énervement, à moins qu'elle n'ait un personnel nombreux pour l'assister ou qu'elle ne possède des forces peu communes. Mais, dans ces derniers cas, « surveillons nos qualités de peur qu'elles ne deviennent des défauts. » La femme n'est pas uniquement la compagne de l'homme et la mère de ses enfants pour leur préparer ou faire préparer leurs aliments, veiller sur le linge et les vêtements et nettoyer les appartements; quoique ces tâches soient déjà absorbantes et difficiles, elle en a d'autres, non moins nécessaires au bonheur des siens et qui sont souvent négligées par suite du temps accordé aux soins matériels.

A quelle mère de famille Dieu demandera-t-il le compte le plus sévère ? A celle dont la table sera toujours élégamment servie, les armoires bien en ordre, les chambres éblouissantes, mais qui n'aura jamais un moment pour causer avec son mari et ses enfants, qui tremblera et grondera pour des souliers crottés, qui sera toujours sur les talons de ses domestiques et ne supportera qu'à grand'peine un dérangement ou une maladie qui pourraient troubler l'ordre établi? Ou bien à celle qui, pour obliger ses semblables ou pour procurer une joie aux siens, renverra un travail qu'elle avait compté exécuter immédiatement, supportera un plancher couvert de jouets, ou qui, ayant entrepris un tricot ou un travail de couture, ne se croira pas obligée de défaire et de refaire pour quelques défauts sans importance?

Exécutons toutes choses avec soin, autant que possible, mais aussi avec rapidité, et si d'autres devoirs nous réclament, ne perdons pas notre temps pour des bagatelles : ni la tête, ni les pieds de nos enfants n'auront à souffrir d'un bonnet ou d'un bas dont quelque maille sera irrégulière. Pendant que nous réparons des défauts insignifiants, nous perdons peut-être l'occasion de satisfaire des besoins plus élevés de notre nature, c'est-à-dire le repos de l'esprit et du corps, les joies du foyer et surtout notre propre développement intellectuel et moral.

La vie intérieure des ménages est chose si sacrée, qu'on ne peut y jeter qu'un coup d'œil discret. Il faut d'ailleurs éviter les jugements trop prompts. Si certaines femmes croient de leur devoir de se jeter à corps perdu dans les détails de la vie domestique, pourquoi celles qui pensent différemment leur jetteraient-elles la pierre ? Qui sait si elles n'y ont pas été forcées par les exigences d'un mari ou d'une belle-mère, ou si elles ne trouvent pas dans cette minutie, en apparence ridicule, une sorte de dérivatif à des pensées et des préoccupations douloureuses ?

Pourquoi, d'autre part, celles qui sont douées de cette exactitude minutieuse en toutes choses, regarderaient-elles avec pitié et même avec mépris celles qui, une fois leur tâche terminée, considèrent qu'il est inutile de la faire et de la refaire sans nécessité, et croient mieux employer leur temps en s'occupant d'ouvrages d'agrément, en lisant, en étudiant, ou en pratiquant un art quelconque ?

Il y a dans ce domaine un juste milieu, difficile à pratiquer, car il est nécessaire d'éviter un double écueil. La Rochefoucault a dit : « Ceux qui s'appliquent trop aux petites choses deviennent ordinairement incapables de grandes. » Et un autre penseur : « Ce qui vaut la peine d'être fait vaut la peine d'être bien fait. »

L'OUBLI

> L'oubli et la mémoire se partagent toute notre vie et s'y entremêlent continuellement en diverses proportions.
> F. BOUILLER.
>
> L'oubli n'a pas de plus grand auxiliaire que le temps. Si le temps console, c'est qu'il fait oublier.
> X.

L'esprit de l'homme, si grand et pourtant si limité, possède le don inappréciable de la mémoire, mais en même temps la lacune de l'oubli. L'intelligence humaine ne saurait contenir toutes les connaissances qu'elle embrasse tour à tour : elle recueille des trésors et les perd successivement. Somme toute, la Providence a voulu en cela, comme en tout, le bonheur de l'homme ; car, si l'oubli fait perdre le souvenir de choses bonnes, utiles et agréables, il efface aussi en nous l'impression de douleurs ou de malheurs qui nous rendraient l'existence insupportable.

L'entendement ayant des bornes restreintes, ne peut concevoir, retenir et évoquer qu'un certain nombre d'idées. La statistique parviendra-t-elle jamais à établir une moyenne exacte de la somme d'idées que sont capables de contenir une conscience ou un cerveau humain ? Nous ne le pensons pas. La rapidité de conception et d'impression de certains esprits est vraiment incroyable. Que deviennent ces sensations, à mesure qu'elles font place à d'autres ? Les unes se cachent ou plutôt se tiennent à l'écart, attendant d'être rappelées ou évoquées, suivant la volonté de leur propriétaire ; d'autres s'effacent presque complètement ; toutefois leur retour peut être provoqué par un grand effort de la mémoire, par une coïncidence fortuite, par la vue de certains sites ou de certaines personnes, ou encore par l'audition de certains sons. D'autres, enfin, disparaissent à jamais. Dans quel recoin du cerveau, dans quelle profondeur insondable se réfugient et s'entassent ces trésors de connaissances, ces impressions délicieuses ou douloureuses qui ont embelli ou assombri certains jours de notre vie?

On a discuté, et on discutera longtemps sur ce point. Ou bien elles se sont évaporées et il n'en reste pas trace en nous, ou bien elles existent inaperçues, mais non mortes ou même endormies, car alors elles ne seraient plus des idées; la mémoire, qui parvient parfois à retrouver quelques-unes de ces égarées, n'y pourrait parvenir, si elles étaient sorties de l'esprit.

Si l'oubli est, jusqu'à un certain point, une conséquence de la mémoire et une condition de la netteté de l'intelligence, il est aussi un des avant-coureurs de la décadence de l'esprit et de la décrépitude du corps. La mémoire, comme toutes les facultés, et même plus que les autres facultés, s'affaiblit et s'use avec l'âge.

Encore l'âge n'est-il pas toujours le point de départ ou l'excuse de l'oubli. Parmi les cerveaux les plus jeunes et les mieux équilibrés, combien qui sont sujets à des manques de mémoire momentanés ? Ne nous arrive-t-il pas parfois d'être arrêtés subitement au moment où nous allions prononcer un nom quelconque, nom d'ami, de parent, de personnage historique, de fleuve ou de montagne, nom que nous avions « sur le bord des lèvres, » et qui nous a échappé subitement, comme escamoté par un lutin malicieux.

Que de fois, nous levant de notre siège, pour prendre un objet quelconque sur un meuble ou dans un tiroir, nous sommes restés déconcertés, ne pouvant nous souvenir de ce que nous cherchions. Le mieux serait, dans bien des cas, de ne pas s'acharner à lutter contre cet oubli momentané ; l'obstination à vouloir trouver le nom ou l'objet en question n'aboutit souvent qu'à une grande tension de l'esprit et à une perte de temps. Quelquefois, cependant, à force de concentrer ses idées et de comparer, on arrive à découvrir le mot fugitif; c'est une victoire qui en vaut bien une autre. Ces oublis produisent une impression véritablement douloureuse, car ils touchent à l'absence d'esprit et paraissent absurdes aux personnes de sang-froid ou qui possèdent peu d'imagination ; nous les comprenons et les excusons, et nous conseillons aux personnes qui y sont sujettes de veiller soigneusement sur elles-mêmes et de ne pas permettre à leurs idées de vagabonder de côté et d'autre, surtout lorsqu'elles ont un devoir immédiat à accomplir.

Il est souvent très commode de prendre l'oubli comme prétexte à la négligence d'obligations ou de devoirs qui paraissent ennuyeux ; il sert parfois d'excuse aux étourdis et aux irréfléchis ; on simule aussi le manque de mémoire pour éviter des promesses ou des engagements à tenir, des dettes à acquitter, des remerciements à adresser, ou simplement des devoirs à remplir envers les autres ou envers soi-même. Ceci n'est pas de l'oubli, mais du mensonge, de l'ingratitude, de la paresse et de la fausseté ; toutefois, n'oublie pas qui veut, et les pensées qu'on voudrait fuir sont celles qui poursuivent avec le plus d'obstination.

Certains oublis volontaires sont généreux et louables ; c'est le cas de l'oubli des obligations ou seulement des égards qui pourraient nous être dus, l'oubli des rancunes anciennes et des injures reçues ; cet oubli-là, quand il ne provient pas de l'indifférence ou du dédain, est le résultat d'un des efforts les plus sublimes que l'âme humaine puisse accomplir sur la voie du renoncement et de l'humilité.

Quoique l'oubli soit inhérent à l'imperfection de tout ce qui est humain et qu'il paraisse inévitable et involontaire (c'est le cas dans la vieillesse), on peut cependant lutter en quelque mesure contre l'envahissement trop prononcé de cette disposition.

L'homme enclin à éparpiller ses idées aux quatre vents des cieux, devient infailliblement oublieux ; son esprit, préoccupé de mille choses à la fois, n'en saisit et n'en retient que bien peu ; aussi commet-il des bévues et des méprises souvent préjudiciables à lui et aux siens. De tels caractères devraient prendre la résolution de concentrer leurs idées sur un point. Toutefois une trop grande concentration d'idées est aussi dangereuse ; c'est le cas de certains savants qui s'absorbent en un ou plusieurs objets et qui en arrivent à n'être plus en relation avec le monde extérieur. Mais voici que nous nous acheminons tout doucement en dehors de notre sujet et que nous touchons à la *distraction*, voisine et parente de l'oubli, mais bien distincte de lui.

LA DISTRACTION

> De même que l'imagination, qui emporte l'esprit dans tous les sens, la passion qui nous égare et nous aveugle est une puissante cause de distraction. ***.
>
> La distraction dépend de nous plus que l'oubli. Autre chose est de ne pas se souvenir; autre chose est de ne pas être attentif. F. BOUILLER.

Quoique les manifestations extérieures de la distraction soient à peu près semblables, les causes en sont souvent très différentes, car elle provient soit d'étourderie, d'inattention ou de légèreté, soit aussi de trop de sérieux et de profondeur. Cela explique la sévérité ou le rire moqueur avec lesquels on juge les inconséquences et les bévues de l'homme distrait par étourderie, et l'espèce d'indulgence attendrie qui accueille les distractions du savant ou de l'artiste.

La distraction, sous sa forme la plus commune et la moins dangereuse, est produite par l'imagination et par l'instabilité de l'esprit. Elle se manifeste par une inattention inconsciente dans les moments où nous croyons être intéressés. Que d'écoliers auxquels une mouche, un morceau de papier, ou moins encore, font oublier la leçon la plus instructive, le récit le plus captivant! Que d'auditeurs de conférences ou de prédications, parfaitement décidés et disposés à écouter et à profiter, et qui se surprennent à examiner un voisin ou une voisine, un chapeau ou un manteau, un peu de poussière sur un banc ou une araignée sur la muraille. Ils ont perdu involontairement le fil du discours et ne reprennent possession d'eux-mêmes qu'avec un certain effort. Encore ne faut-il pas toujours un objet visible pour détourner l'attention; nos propres pensées et notre imagination sont de puissantes enchanteresses et nous nous laissons facilement bercer par elles, oubliant tout ce qui nous entoure.

Bien peu sont assez maîtres de leur esprit pour le maintenir longtemps dans la même voie, sans qu'il dévie d'un côté ou de l'autre. Les anachorètes, les saints même qu'entouraient le silence et la solitude et dont rien ne semblait pouvoir troubler le recueillement, s'accusent et s'humilient à maintes reprises d'être déroutés dans leurs méditations par les idées les plus absurdes. Si la distraction s'insinue dans le domaine de la sainteté et de la prière, que sera-ce dans la vie active et dans le commerce du monde ?

Il se rencontre cependant des tempéraments qui ont réussi à s'isoler tellement en eux-mêmes, que les bruits extérieurs sont impuissants à les déranger dans leurs pensées, leurs recherches ou leurs calculs. Les cris des enfants, le son de la musique, les clameurs de la foule, le bruit des voitures, le grondement du tonnerre et du canon ne parviennent pas à détourner leur attention. Toutefois ces exemples de concentration absolue sont assez rares, et nous pouvons même supposer que bien des découvertes précieuses et des productions admirables ont été refoulées ou abandonnées à mi-chemin par l'inventeur ou l'artiste à qui manquaient le silence et le recueillement sans lesquels il ne pouvait mener à bien son œuvre.

La distraction se rencontre rarement chez ceux qui s'occupent de travaux pénibles et monotones ; les artisans, ouvriers et journaliers n'ont besoin que de peu d'idées ; ils ne courent donc pas le risque de les embrouiller ou de les laisser s'égarer.

Les résultats de la distraction sont souvent comiques, aussi ont-ils fourni le sujet d'un grand nombre de comédies et de récits très amusants. Sans parler du bon roi Dagobert, de distraite mémoire, qui n'a entendu ou lu « Menalque » de la Bruyère et le « Distrait » de Regnard, qui :

>   ...S'égare sans cesse,
> Qui cherche, trouble, brouille et regarde sans voir ;
> Quand on lui parle blanc, soudain il répond noir.
> Il vous dit non pour oui, oui pour non. Il appelle
> Une femme Monsieur, et moi Mademoiselle,
> Prend souvent l'un pour l'autre et va sans savoir où.
> On dit qu'il est distrait ; moi je le tiens pour fou.

Les distraits de ce genre commettent tous

à peu près les mêmes bévues : ils cherchent le chapeau qu'ils ont sur la tête, les lunettes qu'ils ont sur le nez ou les gants qu'ils ont aux mains; ils confondent entre eux leurs amis et connaissances, versent l'encre au lieu du sable sur leur papier, intervertissent l'adresse des lettres qu'ils viennent d'écrire et se versent du vin dans leur lien de serviette. Dans les théâtres de marionnettes, la distraction fournit à Arlequin ses farces les plus désopilantes.

Quoiqu'ils fassent aussi rire à leurs dépens, les savants, les artistes, les hommes d'étude sont des distraits d'une nature plus élevée et plus sympathique. Les recherches auxquelles ils se livrent les absorbent tellement qu'ils y concentrent toutes leurs pensées et ont parfois des étonnements d'enfant, quand quelque circonstance les ramène subitement en contact avec le monde extérieur. L'astrologue qui tombe dans un puits mérite plus de respect et d'admiration que de raillerie. Archimède était si profondément plongé dans ses calculs, qu'il ne s'aperçut du siège de Syracuse qu'au moment où un soldat ennemi pénétra dans sa chambre. Ampère, le célèbre professeur, s'échauffait tellement dans ses démonstrations au tableau noir, qu'il s'essuya maintes fois le front avec le torchon plein de craie qu'il tenait à la main. Un autre professeur, se rendant à ses cours, marcha sans s'en douter, un pied sur le trottoir et l'autre sur la rue; son corps avait si bien pris l'habitude de ce balancement qu'il boita pendant une partie de la journée. Ce même professeur étant monté un matin sur une escabelle pour chercher un ouvrage sur les rayons les plus élevés de sa bibliothèque, eut la malheureuse idée d'ouvrir le livre et resta là perché jusqu'au moment où sa femme vint l'appeler pour dîner.

Si l'imagination et la science sont les principales causes de la distraction, les grandes douleurs et les grandes passions y contribuent aussi. Mais, quelle que soit la cause de la distraction, rappelons-nous que les résultats n'en sont pas toujours comiques et que trop souvent des tragédies et des catastrophes ont eu pour point de départ une inadvertance presque insignifiante, une étourderie involontaire. Si cette disposition est tolérable et excusable chez les tout jeunes gens (d'aucuns y trouvent même un certain charme), elle devient ridicule et insoutenable chez l'homme mûr et le vieillard.

LA PATIENCE

> La vertu consiste dans l'empire sur soi-même. SMILES.
>
> Placez toujours votre raison devant votre penchant pour le retenir. SHAKESPEARE.

C'est énervant ! c'est exaspérant ! c'est impatientant ! c'est plus que je ne puis supporter ! c'est trop fort ! c'est inouï ! c'est révoltant !... etc.

Voilà des expressions, ami lecteur, qui ne vous sont point inconnues ; elles émaillent la conversation journalière, résonnent dans toutes les demeures, s'échappent de toutes les bouches et démontrent combien l'homme est un être difficile à supporter, ou plutôt attestent que nous sommes des caractères peu patients, peu propres à supporter les contrariétés et les désagréments de la vie !

La patience est, en effet, une vertu rare et pourtant une des vertus les plus indispensables. Il est vrai que plus notre monde vieillit, plus la vie humaine devient absorbante. Il faut avoir l'œil à tout, être sans cesse sur ses gardes, ne point se laisser écraser par les événements, savoir surmonter les obstacles, triompher des difficultés, et nous constatons que ce surmenage de l'esprit nuit au calme du caractère et à la tranquillité du cœur. Mais il n'en est pas moins vrai que cet état de choses devrait avoir aussi comme conséquence une surveillance plus sérieuse de l'âme, que l'on ne devrait point laisser aller à l'aigreur.

La patience est mieux qu'une vertu ordinaire, elle est une vertu domestique. Entre époux elle est nécessaire, car si tout va bien dans le début de la vie conjugale, ce n'est pas sans crises, petites parfois, souvent assez pénibles, que les « angles s'arrondissent, » que les caractères se polissent, que leurs aspérités s'effacent et que l'intimité devient profonde, réelle, inaltérable. Ces pensées nous rappellent la leçon qu'a voulu donner l'inimitable P.-J. Stahl dans son intéressante *Histoire d'un homme enrhumé*.

Un malheureux est atteint d'une infirmité désagréable, d'un rhume chronique qui le tourmente depuis sa naissance. Ce mal invétéré provoque les mésaventures les plus drôles et attire sur l'infortuné mille désagréments. Tout le monde le fuit, personne ne lui tient compagnie; sa femme même, vaincue par la persistance de cette obstruction nasale incurable, l'abandonne. Notre pauvre homme commence à voyager à la recherche d'un pays humide, marécageux, dans l'espoir d'y rencontrer un assez grand nombre de compagnons de misère qui lui permettront d'échapper aux quolibets des méchants. La suprême douleur des malheurs à tournure comique est de n'obtenir ni consolation, ni pitié; mais la bonté de Dieu épargne à l'homme enrhumé cette lugubre extrémité, et lui rend le cœur et la compagnie de sa femme en la frappant d'une surdité bienfaisante qui lui rend facile la co-habitation conjugale, en même temps qu'elle est une juste punition de sa *trop petite patience* antérieure. — Que de finesse dans cette idée ! Nous avons tous une infirmité physique ou morale, et jusqu'à ce que nous ayons accepté ces infirmités ou appris à les supporter, nous avons sans doute laissé échapper de fréquents : « C'est impatientant ! » Que celui qui m'écoute me démente s'il l'ose. Non, pour être mari ou femme, pour devenir bon époux, il faut de la patience. Ai-je donc tort d'affirmer que cette vertu est une vertu domestique par excellence ?

Que serait-ce, d'ailleurs, si j'établissais le rôle de la patience dans les relations entre frères et sœurs, et surtout sa place dans l'éducation de l'enfance ? On pourrait écrire sur ce sujet de vrais volumes !

Nous voudrions, pour l'instant, établir un autre point quant aux relations de la vie domestique.

On sait qu'une cause trop fréquente de trouble dans les ménages vient généralement des employés, serviteurs ou servantes. Que de plaintes à cet égard ! On rejette toujours la faute sur les subalternes ; cependant, en voyant ces mésintelligences se multiplier, il est permis de se demander si la responsabilité de ces désaccords doit retomber perpétuellement sur les domestiques. Beaucoup de maîtres et de maîtresses de maison supportent difficilement les fautes de leurs employés, sortent de leur calme pour le plus mince sujet, et montrent la porte au malheureux qui commet la moindre maladresse. Il faut beaucoup de patience pour être à la tête d'un train de maison ; aussi l'absence de cette vertu est-elle la cause des guerres, des luttes, des conflits qui désolent tant de foyers. C'est une vertu qui s'acquiert cependant, et l'exercice peut conduire celui qui s'y adonne à l'héroïsme.

Nous avons lu, dans notre enfance, l'histoire d'un brave homme que ses amis n'avaient jamais réussi à mettre en colère ; toutes leurs tentatives avaient échoué devant sa patience et son calme. Enfin, l'un des persécuteurs se figure avoir découvert un moyen de le fâcher, et déclare que, cette fois, la patience inaltérable du persécuté va trouver un terme. Il a réussi à mettre dans sa confidence la servante de la maison, et celle-ci, sachant que son maître aime ses aises, s'engage à laisser en désordre la chambre de ce dernier; elle ne fera point son lit, son maître se fâchera, les amis satisfaits viendront expliquer au malheureux en colère qu'ils sont la cause de ce trouble... Déception nouvelle! Trois jours se passent; la chambre reste en désordre et le maître surpris, mais non fâché, appelle sa servante : « Catherine, lui dit-il, je vous sais très occupée, vous ne pouvez tout faire à la fois, laissez-moi désormais le soin de faire mon lit et de mettre de l'ordre dans mon appartement. »

L'une des épreuves les plus terribles qui puissent exercer l'humeur et la patience d'un homme, advint au célèbre philosophe Abauzit. Celui-ci se livrait assidûment à l'étude du baromètre dans le but d'en déduire les lois générales qui règlent la pression atmosphérique. Pendant vingt-sept ans, il fit tous les jours de nombreuses observations, qu'il inscrivait sur des feuilles de papier préparées à cet usage. Un jour, une servante voulut montrer son zèle en rangeant partout. Le cabinet d'Abauzit, comme toutes les autres pièces, fut nettoyé. Quand il y entra, il demanda à la servante : « Qu'avez-vous fait des papiers qui étaient autour du baromètre ? » — « Oh ! Monsieur, répondit-elle, ils étaient si sales, que je les ai brûlés, et j'ai mis à leur place ce papier qui est tout neuf, comme vous voyez. » Abauzit se croisa les bras, et, après quelques instants de lutte intérieure, il dit d'un ton calme et résigné : « Vous avez détruit les résultats de vingt-sept années de travail ; à l'avenir, ne touchez à quoi que ce soit dans cette chambre. »

Nous avons cité avec intention ces faits de remarquable patience, et, en écrivant ces lignes, nous nous sommes souvenu des paroles du sage : « Une parole douce apaise la colère comme l'eau apaise le feu ; et par la bonté il n'y a pas de terrain si ingrat qu'on ne puisse rendre fertile... La vérité dite avec courtoisie fait l'effet de roses lancées au visage. Comment pourrait-on résister à une personne dont les armes sont des perles et des diamants ? »

L'HUMEUR MAUSSADE

> Nos parents et amis auraient souvent mieux aimé un sourire de nous pendant leur vie que toutes nos larmes après leur mort. CHATEAUBRIAND.
>
> Un cœur joyeux vaut une médecine, mais l'esprit abattu dessèche les os.
> SALOMON.

Un auteur anglais, Georges Elliot, écrit les lignes suivantes dans l'un de ses ouvrages : « Les personnes qui jouissent de leur mauvaise humeur savent l'entretenir en s'infligeant elles-mêmes des privations. C'était la méthode de Mme G.; elle fit son thé plus faible qu'à l'ordinaire ce matin-là, et se refusa le beurre. »

Quel est celui de nos lecteurs qui, condamné à vivre dans le voisinage de personnes sujettes à la mauvaise humeur, ne retrouve dans ces lignes l'écho de ses propres et fréquentes observations.

Cette disposition fâcheuse a le plus ordinairement pour cause une concentration d'égoïsme, une sensibilité ou plutôt une susceptibilité excessive. On ne pense qu'à soi, on ne voit que soi, on ne jouit que de soi, on est malade de la recherche de soi-même. Les moindres froissements, les plus légers déboires irritent. Tout rend malheureux, tout fatigue, tout ennuie. De là, de longs silences, un visage sombre, des étrangetés, des bizarreries... on place une muraille entre sa personne et le monde et l'on finit par ne plus voir ni le soleil, ni les étoiles !

Un moraliste chinois a écrit : « La mauvaise humeur est l'hiver des ménages. » Il paraît qu'en Chine comme chez nous, dans la société et même dans le foyer domestique, sous toutes les latitudes, on retrouve cette disposition funeste. Il est surprenant, en effet, de voir combien est petit le nombre des caractères francs et vraiment joyeux. Pas n'est besoin d'être un observateur profond pour découvrir dans la famille, dans les ateliers, dans les bureaux, dans la rue, des gens grognons, boudeurs, mécontents. Il ne faut pas juger sur l'apparence, dit-on ; cependant que penser des personnes qui ne répondent aux salutations amicales qui leur sont adressées que par des grognements inintelligibles ? Que signifient ces paroles des servantes ou des ouvriers à l'égard de leurs maîtresses ou de leurs patrons : « Monsieur est mal tourné ; Madame est quinteuse ! » Hélas ! ne s'agirait-il pas en cela d'une maladie de l'esprit qui a tous les caractères d'une affection épidémique ?

Il est des personnes chez lesquelles cette disposition se rencontre à l'état chronique : elles en sont affligées ou en affligent leurs alentours chaque jour, à telle heure, ou bien un jour sur sept, parfois même une semaine sur quatre ; leur humeur se gâte sans raison apparente, pour une bagatelle, rarement pour une cause sérieuse. « Le petit ou le grand monsieur, la jeune fille ou la grande dame ont éteint subitement leur lumière ; leur lustre s'est métamorphosé en une sorte de lanterne sourde, le colimaçon a rentré ses cornes, la tortue s'est retirée dans sa carapace. Que l'univers se voile, c'est le jour des limbes ! Que le silence des ombres succède aux aimables bruits de la vie ! Ayez soin de marcher comme sur d'épais tapis, de ne respirer que la moitié de vos souffles, ne parlez pas, il y a de l'humeur ! « Oui, non, et par signes ! c'est déjà trop. »

Il s'agit évidemment ici d'une maladie, et d'une maladie fort pénible pour celui qui en est atteint, comme pour ceux qui en subissent le contre-coup.

Toutefois, ne confondons pas la disposition chagrine ci-dessus avec la tristesse qui résulte d'un mal secret et profond. Dans ce cas, heureusement exceptionnel, la personne qui souffre est digne de sympathie, car c'est le cœur et non plus l'esprit qui est affligé. Mais la mauvaise humeur à laquelle nous faisons le procès doit être éloignée à tout prix, car elle engendre des querelles et des troubles domestiques, et produit souvent des tempêtes là où le ciel était pur et serein.

Il faut dire aussi que l'état maladif dont nous parlons peut être aggravé par diverses circonstances fâcheuses, parmi lesquelles nous signalons un mauvais état de santé ; personne n'ignore combien le malaise physique peut, par sa fréquence, altérer l'humeur. Enfin, les difficultés matérielles, les désenchantements de l'existence, sont aussi pour quelque chose dans l'aigreur du caractère. Mais ces causes sont généralement passagères, et la plupart du temps, elles ne sont que le prétexte de la maladie.

Nous sommes quelque peu embarrassé, au moment d'indiquer les remèdes propres à combattre ce funeste défaut, et cela parce qu'on prétend que le malade ne croit pas à son mal. Inutile, dès lors, de prescrire une ordonnance à celui qui se figure être en santé.

Cependant tous ne sont pas de cet avis : un moraliste qui professe à l'endroit de cette disposition une horreur profonde, estime qu'il faut employer des remèdes énergiques :

« On peut dire, écrit cet auteur, que l'âme du boudeur est comme une de ces maisons mal construites qui manquent d'air, où tout sent le renfermé, où tout moisit par conséquent, hommes et choses. Que fait-on à ces habitations, quand on tient à ne pas voir se détériorer les bonnes choses qu'elles peuvent renfermer ? On leur perce des jours, on leur fait des trous, on leur ouvre des fenêtres.

« Eh bien, il faut percer des jours, faire des trous, pratiquer des fenêtres dans l'âme du boudeur; il faut veiller à ce que l'air extérieur puisse entrer en lui, il faut le ventiler, il faut l'aérer à tout prix. Là est le salut. Encore faut-il que le malade aide lui-même à sa cure. »

Le procédé paraît un peu violent, et tous les tempéraments de malades ne se soumettraient pas volontiers à ce régime. Le grand nombre a besoin de plus de ménagements.

Disons tout d'abord que la personne aigrie peut beaucoup pour son rétablissement. Nous sommes assez disposés à grossir les petits chagrins, à exagérer les maux dont nous souffrons, nos petites vexations, nos afflictions légères. Or, il arrive fréquemment que nos misères ne sont qu'un produit de notre imagination et que nous les traitons en enfants gâtés. Nous finissons par nous laisser dominer par elles, transformant peu à peu notre cœur en un entrepôt de peines que nous infligeons à nous-mêmes et à nos alentours. Ne serait-il pas aisé de surmonter ces dispositions et de prendre les événements, les incidents, les inquiétudes de la vie d'une façon plus courageuse et plus gaie ? Nous pouvons être, a-t-on dit, de mauvaises têtes ou de mauvais cœurs ou tout le contraire, cela dépend de nous.

Salomon disait déjà « que la joie de l'esprit vaut une médecine, tandis que l'esprit abattu dessèche les os. » Et un poète du siècle dernier raillait avec raison ceux dont l'humeur chagrine voit partout des sujets de plainte :

Par la grâce du ciel, ils ne sont pas venus,
Ces maux dont vous craigniez les rigueurs inhumaines,
    Mais   ils vous ont coûté de peines
    Ces maux que vous n'avez point eus !

Si le mal dont nous parlons provient d'une mauvaise éducation, ce qui se voit assez fréquemment, les parents sont les premiers intéressés à y veiller. L'existence trop facile, trop molle, donnée aux enfants leur prépare souvent de longs jours de tristesse et de bouderie. L'enfant qui n'est pas habitué à sacrifier sa volonté et qui voit ses fantaisies satisfaites dès leur apparition, contracte de bonne heure une humeur chagrine et devient même, plus tard, victime de la mélancolie. C'est pourquoi il nous paraît que les remèdes préventifs sont les meilleurs et qu'il appartient à ceux qui vivent avec les personnes aigries d'exercer sur ces dernières une influence précieuse.

Nous dirons donc à ceux qui veulent s'employer activement à soulager les gens acrimonieux et à les guérir, — quand c'est possible, car il y a des cas rebelles à tout traitement, — nous leur dirons : redoublez d'affection, montrez à votre malade une sympathique et persévérante bienveillance. Par ce chemin, vous n'arriverez pas très vite au but; le succès tardera, mais ce moyen très lent, peut-être, n'en sera que plus sûr. Soyez donc prodigues d'indulgence et d'inaltérable support. Montrez-vous toujours gais, même quand vous sentirez autour de vous la tempête; entourez votre malade d'une atmosphère sereine et vivifiante, et, bon gré, mal gré, dans ce milieu bienfaisant, celui qui est l'objet de soins pareils se sentira réconforté. Longtemps, il résistera à vos aimables procédés, un moment même, le mal semblera prendre un caractère plus aigu; mais ce ne sera qu'une crise favorable, bientôt suivie d'une amélioration sensible, puis d'un rétablissement certain.

Tâchez aussi de suggérer au malheureux atteint de cette déplorable disposition quelque bonne action à faire. Rien ne nous guérit mieux de la préoccupation mélancolique et grincheuse de nous-mêmes que la sollicitude pour les misères d'autrui. On n'apprend à s'oublier qu'en se souciant des autres pour leur être utile.

Le bien qu'on fait parfume l'âme;
On s'en souvient toujours un peu.

LA GAIETÉ

> Les joyeux guérissent toujours.
> RABELAIS.
>
> Le travail fournit le pain de chaque jour, mais c'est la gaîté qui lui donne de la saveur.
> Émile SOUVESTRE.

L'influence des événements extérieurs et même de la température sur le caractère de l'homme est incontestable; l'hiver morose inspire souvent de sombres pensées, tandis que les beaux jours d'été éclairent et réchauffent nos cœurs en les disposant à la gaîté.

Si la douleur a une grande place dans notre existence, si même elle remplit la noble mission de nous purifier et d'élever nos cœurs plus haut que cette terre, elle sert aussi à nous faire mieux apprécier, par comparaison, les joies et les agréments placés sur notre route. La jouissance honnête et modérée des plaisirs auxquels la conscience nous permet de participer, est très légitime et très bienfaisante ; elle produit en nous la gaîté vraie, bonne, saine, réconfortante, qui nous donne de l'entrain pour l'accomplissement de nos devoirs journaliers et fortifie nos âmes pour les déceptions et les luttes qu'elles auront encore à supporter.

Les plaisanteries malséantes, la gaîté grossière, le rire éclatant, les propos équivoques, la raillerie, et même certain genre d'esprit assez fréquent, sont aussi éloignés de la vraie et douce gaîté, que le ciel de la terre. Cette gaîté ne se manifeste que chez les natures sérieuses. Cela peut paraître paradoxal, mais nous sommes de l'avis d'un écrivain qui déclare que la gaîté et le sérieux se tiennent de près. « Que de fois, dit-il, je l'ai remarqué : les maisons où le sérieux manque ont bien rarement la gaîté ; on y plaisante peut-être beaucoup, on n'y rit guère ; le rire, quand il y éclate, sonne faux et ne réjouit pas le cœur. »

D'autres foyers sont toujours tristes : on n'y entend que soupirs et lamentations, récriminations et plaintes ; la vie dans de telles conditions devrait être un fardeau insupportable ; mais la nature humaine est tellement l'esclave de l'habitude, qu'elle en vient à supporter cet état de choses et même à s'y complaire jusqu'à un certain point. De tels intérieurs font sentir plus vivement le prix d'une disposition heureuse et paisible. « Le travail, a dit Émile Souvestre, fournit le pain de chaque jour, mais c'est la gaîté qui lui donne de la saveur. »

Dans la plupart des cas, la gaîté est une affaire de tempérament ; elle peut cependant s'acquérir et se fortifier comme toutes les qualités, nous allions dire les vertus. Certaines natures privilégiées ont le don de trouver du bien en tout, de voir un rayon de soleil à travers les plus sombres nuages ; nous les envions, et nous avons cherché à deviner les sources où elles puisent cette sérénité constante.

La plus efficace est sans contredit la paix

du cœur et de la conscience ; une âme confiante et pure se sentira si heureuse, que cette joie se traduira au dehors, sans même qu'elle s'en doute, par une grande bienveillance pour tous et une profonde reconnaissance pour les bienfaits reçus dont elle se sent indigne. Cette cause de joie traitée à fond mériterait une étude spéciale ; cela nous conduirait trop loin.

Nous mentionnerons ensuite, comme source très salutaire d'enjouement, l'humilité ou la modestie, qui, en nous faisant nous oublier nous-même, nous donne un naturel et une simplicité qui nous font jouir de tout au centuple, parce que nous avons l'âme ouverte aux saines et fortifiantes émotions. C'est peut-être cruel de le dire, mais le plus souvent la tristesse et la misanthropie, si communes de nos jours, proviennent d'un orgueil démesuré ; on se croit observé, espionné, mal jugé, haï même, parce qu'on se figure être le centre de l'Univers ; on s'enveloppe d'une couche de glace et de mélancolie, on en arrive à ne jouir de rien, et à trouver en tout de la fadeur et de l'ennui. Si l'on possède par contre une parcelle d'humilité, on n'accorde à sa personne que la toute petite valeur qu'elle mérite, et sans même songer si l'on est vu ou observé, on jouit sans arrière-pensée des fleurs que le bon Dieu sème sur tous les chemins, si raboteux qu'ils soient.

Le dévouement et la bienveillance sont une des sources les plus pures de la joie. Un cœur ouvert à tous n'a pas le loisir de s'arrêter aux impressions pénibles qu'il peut ressentir, il en épargne le contre-coup à son entourage en paraissant heureux, gai, et en l'étant réellement ; il considère aussi comme son devoir de faire jouir les autres de son bonheur quand il en éprouve, ou d'être joyeux lui-même avec ceux qui sont dans la joie, lors même qu'il n'y serait pas disposé.

L'admiration pour tout ce qui est grand et beau nous dispose davantage aussi aux pensées heureuses. Profitons donc de tout ce que la nature nous convie à admirer ; faisons de ces bonnes courses, qui fatiguent sans doute, mais qui réconfortent bien plus encore ; redevenons enfants pour cueillir les fleurs du chemin, allons entendre de bonne musique, nourrissons-nous de bonnes lectures, goûtons l'art sous toutes ses formes et nos âmes rassérénées et rajeunies reprendront avec vigueur, contentement, enjouement même, la tâche quotidienne.

En résumé, garder sa conscience pure, pratiquer l'humilité, se dévouer à nos frères, souffrir avec patience les épreuves et les petits chagrins, jouir humblement et sagement des bienfaits de la vie, aimer tendrement les siens, savoir considérer les choses sous leur vrai jour et toujours de leur bon côté, voilà tout autant de sources de contentement et de gaîté. Quant à] tout cela s'ajoute une riante nature, des arbres en fleurs, des prairies verdoyantes, un ciel sans nuage et un soleil réconfortant, qui donc oserait rester morose ?

L'ENTHOUSIASME ET L'IMAGINATION

> L'enthousiasme, c'est la musique de l'esprit.
> H. de C.
>
> L'imagination n'a jamais perdu que les gens qui se seraient perdus sans elle.
> J. GIRARDIN.

Qu'est-ce que l'enthousiasme ? Mme de Gasparin, qui se connait en cette matière, répond : « C'est l'ardente braise dérobée à l'autel de Dieu. » Cette réponse si juste et si poétique revient à dire que l'enthousiasme est un état d'âme élevé au-dessus des limites ordinaires, ce qui donne aux sensations et aux impressions une intensité remarquable. Certains tempéraments sont enthousiastes de nature; c'est une disposition très visible chez les enfants; l'éducation et l'habitude la favorisent ou l'anéantissent. Tous les enthousiastes ne dérobent pas leurs flammes à l'autel divin, comme le fait Mme de Gasparin ; malheureusement beaucoup d'autres divinités ont inspiré et passionné les hommes. — Franklin, écrivant à sa fille, lui dit : « Ne souhaitez pas d'être enthousiaste. Les enthousiastes ont sans doute des joies et des plaisirs imaginaires, mais ceux-ci sont souvent compensés par des peines et des contrariétés imaginaires. » A notre époque de positivisme, les gens calmes et pondérés regardent volontiers les enthousiastes comme des gens mal équilibrés et capables de toutes les sottises. — Joubert prétend que le vrai enthousiasme est calme, lent et reste intime, contrairement à l'explosion qu'on confond souvent avec lui. Cependant, s'il existe des natures placides en apparence, et qui cachent des trésors d'imagination et d'enthousiasme, il n'en reste pas moins vrai que la vivacité d'impressions qui distingue ce dernier est presque impossible à dissimuler ; il ne faut souvent rien moins que les rudes atteintes de la vie pour l'atténuer, et même l'expérience de la réalité ne parvient pas à refroidir certaines âmes embrasées. Ainsi que tous les sentiments passionnés, l'enthousiasme est une force, lorsqu'il est bien dirigé. C'est grâce à lui que se sont accomplies les actions les plus héroïques et les plus sublimes ; c'est grâce à lui que sont nés les chefs-d'œuvre artistiques qui nous remplissent d'admiration. C'est lui aussi qui a provoqué les extravagances et les cruautés les plus regrettables. Le fanatisme n'est autre chose que l'exagération de l'enthousiasme.

La jeunesse devrait être naturellement enthousiaste ; toutes ses impressions sont si fraîches, si nouvelles et souvent si justes, qu'elle devrait se laisser dominer davantage par elles. Ne raillons donc pas les jeunes enthousiasmes : partageons-les, si nous pouvons. Ne les étouffons pas, car, une fois éteinte, la flamme se rallume difficilement. Cherbuliez conseille à la jeunesse de faire une grosse provision d'enthousiasmes bien ridicules, car on en laisse tant en chemin qu'on risque d'arriver le cœur vide au bout du voyage. L'admiration passionnée est presque une vertu ; elle occupe activement des forces vives qui pourraient être moins bien placées. Notre jeunesse se fait vieillotte et désabusée autant qu'elle peut ; elle a si peur de paraître naïve, qu'elle se targue de n'avoir plus d'illusions et y réussit quelquefois. Elle n'ose plus admirer sincèrement ou désirer ardemment quelque chose, de peur de paraître ridicule. Les événements les plus insolites ne parviennent pas à la tirer de son flegme superbe ; elle a déjà tout supposé, tout combiné, tout prévu ; impossible de la prendre au dépourvu. On a pris l'habitude de scruter, de tourner et de retourner les questions sous toutes les formes avant de tirer une conclusion ; pourquoi ne pas se laisser aller parfois à la première impression, qui est souvent la meilleure et la plus charitable ? Mais on redoute par-dessus tout d'être dupe des apparences, sans réfléchir que les esprits froids et positifs le sont aussi de leurs combinaisons.

Nous arrivons au revers de la médaille. Le désappointement, dit Mme de Staël, marche en souriant derrière l'enthousiasme. Quand, petit à petit, on a dévidé « toute la bobine des espérances trompeuses », on s'assied épuisé et désolé ; l'idée qu'on a étreint des chimères est de celles qui affligent ; on ne perd pas volontiers ses illusions. Les enthousiastes deviennent presque nécessairement des mécontents ; le contraste entre la réalité et l'idéal, entre les aspirations et les résultats, entre l'ardeur de la volonté et l'impuissance des actes, leur ont souvent inspiré le désespoir. Le bonheur obtenu ne les satisfera même pas, car ils ont un coin de chimère dans l'âme, et la réalité s'accorde mal avec leur rêve sans cesse renaissant.

Malgré ces souffrances, les enthousiastes peuvent être comptés parmi les heureux du monde. Mieux vaut courir le risque de se voir dupé par ses admirations et ses illusions, que de n'en pas ressentir du tout. Les rouages de notre être s'atrophient lorsqu'ils ne sont pas secoués et surexcités par des sensations un peu vives. Les illusions sont souvent le pressentiment d'une grande vérité que les conditions défectueuses de la vie terrestre empêchent de se réaliser. Pourquoi en être honteux ? « Les illusions vien-

nent du ciel ; les erreurs viennent de nous »
(Joubert).

Les poèmes de tous les pays ne sont-ils pas des rêves de joie ou de tristesse qui font vibrer en nous les cordes correspondantes ? Que deviendraient la musique, la peinture, la sculpture sans l'enthousiasme et l'imagination, ces moteurs énergiques ? Quand, plus tard, les déceptions consécutives qu'amène la vie affaiblissent peu à peu nos sensations, sommes-nous plus heureux ? Nous acquérons alors l'expérience qui nous rend plus calmes, quelquefois plus sages, mais toujours plus tristes. Les vieillards prétendent que l'expérience ne vaut pas les illusions qu'elle emporte. Heureux sont donc ceux qui, à côté de l'expérience péniblement acquise, ont conservé cette jeunesse immortelle de l'âme qu'entretiennent seules la sensibilité et l'imagination !

LA CULTURE GÉNÉRALE

> Le désir d'apprendre est pour l'intelligence ce que l'appétit est pour le corps : un besoin d'aliment qui annonce une organisation calme et énergique.
> De Latena.

> Ce qui nous donne à penser nous est cher, comme tout ce qui donne une impulsion, même imperceptible, à nos facultés, nous est agréable. Lavater.

Il y a bien des années, nous entendions avec surprise énoncer le jugement suivant à propos d'une personne, du reste distinguée dans sa profession : « Nous lui accordons toute l'estime possible, mais c'est dommage qu'elle manque de culture générale ». Qu'on dise chose pareille d'un paysan ou d'un artisan, passe encore ! Mais d'un artiste, d'un médecin, d'un avocat ou d'un pasteur, qui sont censés avoir appris un peu de tout ! Ces paroles me parurent à cette époque une absurdité et une espèce de profanation. Les années ont fait leur œuvre et j'ai découvert qu'on peut, sans calomnier l'humanité, regretter de voir la « culture générale » si peu répandue en nos pays, même dans la classe lettrée et intelligente.

Il est sans doute bien beau et bien digne d'éloge d'être supérieur dans la vocation qu'on a entreprise. Chacun ne l'est pas ; mais si même on l'est, ce n'est pas « la culture » dont nous voulons parler, et qui n'est autre chose qu'une heureuse assimilation que s'est faite l'intelligence de connaissances diverses. On la rencontre parfois avec étonnement chez les individus que n'ont pu pousser dans cette voie ni leurs occupations habituelles, ni leur entourage. Ce qui prouverait une fois de plus qu'elle ne dépend pas directement de l'étude ou plutôt des études classiques imposées aujourd'hui, quelque complètes et consciencieuses qu'elles puissent être. Non, elle provient d'une soif intellectuelle qu'il n'est pas donné à chacun de ressentir. Une attention éveillée et soutenue, nous pourrions même dire une curiosité de bon aloi pour tout ce qui peut frapper les oreilles et intéresser l'esprit, l'habitude de l'observation dans la vie journalière et la nature, la lecture et l'étude sont les moyens les plus efficaces d'y arriver. Il n'y a pas plus de science infuse que de sagesse innée : lors même que certaines natures d'élite paraissent être devenues cultivées et sages sans efforts et sans lutte, nous pouvons être convaincus que leur persévérance et leur travail ont peut-être été d'autant plus admirables et soutenus qu'ils paraissent être des dons naturels. Il y a sans doute des organisations merveilleusement douées, mais encore est-il impossible d'acquérir des connaissances diverses sans exercer et assouplir les facultés intellectuelles ; une fois ces connaissances acquises, il faut les maintenir et les augmenter. Dans ce domaine plus que dans tout autre : « Qui n'avance pas, recule. » De même que l'homme qui habitue journellement son corps à des exercices gymnastiques arrive à des prodiges de souplesse et d'adresse, celui qui habitue ses facultés intellectuelles à une gymnastique régulière parvient à surmonter les plus grandes difficultés comme en se jouant. Cependant la tension et le travail sont toujours là, et si l'effort paraît moins vigoureux et moins pénible que chez d'autres, c'est qu'il y a eu un long entraînement, une préparation de vieille date.

On éprouve aussi parfois la surprise peu agréable de ne pas rencontrer cette « culture » chez des personnes qui auraient tout eu pour l'acquérir, et dont la profession et les relations sembleraient devoir l'exiger.

Un homme supérieur est donc celui qui, sachant bien son métier, sait beaucoup d'autres choses à côté.

Nous répétons à dessein « sachant bien son métier », car la profession est l'important, les goûts viennent après. Nous sommes loin d'apprécier et d'admirer ces esprits amateurs et brillants qui, butinant un peu partout sur l'arbre de la science, ne se fixent à rien et fournissent le plus souvent des carrières manquées.

Une fois les exigences de la vocation remplies, mais seulement alors, il est désirable et avantageux pour l'état physique et moral de l'homme et de la femme, qu'ils s'intéressent à d'autres choses qu'à leurs travaux habituels. Qu'est-ce qu'un artiste qui ne sait faire que de beaux tableaux ou de bonne musique ? Un médecin qui ne sait autre chose et ne s'intéresse à rien autre que sa médecine et ses malades ? Un homme de loi ou un pasteur qui croient avoir fait tout leur devoir en plaidant bien une cause ou en faisant une prédication émouvante ? S'ils ne savent pas bien des choses à côté de cela, s'ils ne se tiennent au courant ni des découvertes nouvelles, de l'histoire, de la géographie, ou encore des langues mortes ou vivantes, de l'histoire naturelle, ou de quelque autre science, ou mieux encore de toutes un peu, ce seront toujours des hommes incomplets.

Nous reconnaissons qu'il s'est rencontré des génies très complets qui ont tourné toutes leurs forces intellectuelles d'un seul côté et ont fait faire des pas de géant à la science exclusive dont ils se sont occupés. Mais nous ne sommes pas des génies et nous ne pouvons nous comparer à des Newton, des Chevreul ou des Victor Hugo. Et encore, qui nous dit que ces hommes n'étaient pas très entendus dans divers domaines? Mais la « culture générale » qu'ils possédaient probablement disparaissait ou plutôt était tenue dans l'ombre par l'éclat de leur talent dominant.

Pour les intelligences plus ordinaires, l'étude de divers sujets éveille une soif et un désir d'apprendre toujours plus vif. C'est même un des côtés décourageants de la science humaine; plus elle étreint d'objets, plus elle en voudrait embrasser, et l'horizon paraît reculer devant elle. Cet appétit inassouvissable a inspiré à nos penseurs modernes des réflexions assez mélancoliques ; nous les citons quand même : « Toute connaissance nouvelle agrandit le champ de l'inconnu. » « Un peu de science rend prétentieux, beaucoup de science rend modeste. » « La science ne fait pas le bonheur; quand les hommes sauront beaucoup, ils deviendront tristes. » « Il y a tant d'amertume au fond de la connaissance, qu'on n'ignore jamais assez de choses. » « Trop savoir est un danger redoutable : souvent le cerveau d'un fou est un tiroir qu'on ne peut plus ouvrir, parce qu'il est trop plein. »

La connaissance de beaucoup de choses ne donne donc pas le bonheur; personne n'a affirmé qu'elle remplace la seule chose nécessaire, mais elles ne sont certes pas incompatibles l'une avec l'autre. Malgré l'amertume qui peut s'y mêler, la culture procure de douces jouissances et met à même de comprendre et de saisir bien des choses relevées; elle est un puissant antidote contre l'ennui et un refuge dans le malheur; c'est le seul capital qui soit réellement à nous et où nous puissions puiser en tout lieu et en tout temps. Dieu seul, qui donne l'intelligence pour saisir et la mémoire pour retenir, peut enlever les trésors amassés par l'esprit, et il le fait parfois dans ses dispensations mystérieuses, au moyen de la maladie ou de la folie; mais ce n'est point là un motif pour ne pas employer les forces intellectuelles; elles doivent être exercées pour ne pas diminuer et disparaître, et il en sera aussi redemandé compte un jour. Une chose goûtée et comprise par l'esprit amène à en comprendre et à en goûter une autre. Pas n'est besoin de professeurs, de programme ou même de nombreux livres pour acquérir une certaine culture ; regarder, écouter, lire, réfléchir, voilà les seuls moyens ; par l'exercice et l'habitude on parvient à s'assimiler une quantité de notions intéressantes qui nous rendent capable de nous contenter de notre propre société quand il le faut, et qui nous rendent ainsi indépendants de notre prochain. On peut être cultivé sans être érudit, et l'on peut être érudit sans être cultivé ; la culture est le plus souvent très peu visible, mais elle se trahit pourtant à l'œil clairvoyant, et à l'oreille attentive de l'observateur.

Nous reconnaissons assez volontiers les travers de notre sexe, pour qu'on ne nous accuse pas de partialité, si nous disons que nous avons plus souvent rencontré « la culture générale » chez la femme que chez l'homme. A niveau social égal, la femme lit davantage, écrit plus facilement, et s'intéresse aux choses élevées plus que son mari. Nous admettons bien qu'en causant avec agrément, en saisissant une allusion ou en étant capable de suivre une conversation instructive, une femme ne révèle pas un esprit transcendant ; cependant cela dénote des goûts intellectuels et une aptitude qu'il faudrait rencontrer plus fréquemment dans le sexe fort.

Quoique bien des chrétiens affirment que la « culture » est incompatible avec la vie chrétienne, ou plutôt qu'elle n'est qu'une futilité et un accessoire inutile (tout temps employé hors du service de Dieu et du prochain leur paraissant du temps perdu), nous croyons que la science est un appui du caractère et que la foi est souvent affermie par elle. Il est vrai que c'est une jouissance d'un ordre un peu égoïste, mais elle éloigne des mesquineries et des bassesses de la conversation courante et permet souvent d'être utile en quelque manière au prochain. La science est l'adversaire du hasard, et si elle a paru en éloigner quelques-uns de leur foi primitive, elle en a ramené un grand nombre à la croyance à l'Être suprême et au respect des choses saintes.

DE LA BLAGUE

> Il y a beaucoup de personnes dont la facilité de parler ne vient que d'une impuissance à se taire.   BERGERAC.
>
> Les caractères les plus sociables sont parfois ceux qui manquent le plus de dignité.   Georges SAND

Nous appartenons à une race qui aime à rire, ce qui est bon et sain ; mais ce rire n'est pas toujours celui de la gaieté, ni même celui de la malice. Depuis quelques années, on voit se développer un genre particulier de moquerie qui ne vise pas seulement les défauts et les travers, mais même les actions les plus nobles, dont elle dénigre ou fausse les intentions. Elle s'attaque même aux convictions, aux croyances, aux idées justes dont elle suspecte ou nie la sincérité ; elle tourne en ridicule l'autorité et parfois la patrie, et trouve matière à plaisanterie jusque dans les choses les moins plaisantes. Cette moquerie monotone, plus triste que gaie, est devenue une habitude, une manière ; elle a nom : *la blague*.

Ce n'est point un « mal qui répand la terreur », c'est tout de même un mal contre lequel il importe de s'élever, parce qu'il tend à envahir notre vie sociale et à pénétrer jusque dans les entretiens les plus sérieux. Ce mal nous est arrivé de loin, c'est une importation, comme le phylloxera ou certaines maladies religieuses. Il a pris place dans nos conversations ; notre caractère lui a fourni un terrain favorable, il s'est acclimaté bien vite et prospère des mieux un peu partout sur le sol des populations françaises. Nos goûts, nos idées, nos habitudes, notre langue même semblent favoriser son développement. La langue française, élégante et gracieuse, possède certains tours, certaines formules, certaines expressions qui facilitent les pointes, les moutures, les calembours, les saillies, les plaisanteries, toutes ces choses qui constituent la blague.

Francisque Sarcey, l'inimitable moraliste populaire, nous raconte que la blague est un goût spécial aux Parisiens. Il se peut qu'elle ait dans les milieux de la société parisienne un développement exceptionnel, mais elle ne s'est pas maintenue longtemps sur place, car, née d'hier, on la rencontre partout aujourd'hui. Il y a des blagueurs dans toutes les classes de la société ; il y en a dans les salons comme dans les ateliers, chez les grands comme chez les petits, chez les vieux comme chez les jeunes. On a pris l'habitude de dénigrer, de railler, de tourner en ridicule tout ce que les hommes ont l'habitude de respecter et d'aimer. Autrefois on se moquait déjà et parfois bien durement, mais on ne s'attaquait qu'à ce qui pouvait susciter des plaisanteries. A l'heure actuelle, la blague s'attaque à tout, et à tous sans distinction. Autrefois on s'en prenait à des individus ou à des défauts généralement répandus, on convenait ou du moins on laissait entendre qu'à côté des gens et des choses dont on se moquait, il y en avait d'autres et beaucoup d'autres qui méritaient le respect; mais maintenant rien n'est plus respecté, la blague a envahi tous les domaines : elle s'attaque à l'homme, à l'humanité qu'elle atteint dans tout ce qu'elle a de noble et d'élevé, dans ses aspirations, dans ses croyances, dans sa foi aux grandes choses, dans sa confiance en elle-même ; c'est la source de la vie morale qu'elle dessèche, c'est le ressort de l'activité qu'elle brise.

D'où peut être né ce curieux travers de l'esprit humain ? De la légèreté ; car la blague n'est pas une forme philosophique ou scientifique du scepticisme ; elle est superficielle et banale. Ce n'est point un examen sérieux de l'histoire et de la nature humaine qui l'a fait naître, mais plutôt le spectacle fréquent « de l'instabilité des affaires politiques et des palinodies de tout genre ». Elle démontre une entière défiance des hommes et des choses, défiance qui va rarement à la moquerie dure et désagréable, mais qui dégénère en une perpétuelle plaisanterie généralement acceptable par les caractères les plus susceptibles.

Toujours en vertu de cette même légèreté de caractère, on a réussi à découvrir quelque chose de bon dans cette étrange manière d'agir. La blague au fond n'a rien de bien dangereux, dit-on, car celui qui s'y abandonne le fait plutôt par jeu, par amour du paradoxe que par conviction. Il se moque lui-même de sa propre raillerie. « Il blague la patrie, et au besoin il mourrait pour elle. Il blague l'amour filial et pleure quand on lui parle de sa vieille mère. Il blague les beautés de l'Italie et se mettrait à genoux devant un Raphaël. Il y a dans la blague un certain mépris pour les admirations convenues, pour les phrases toutes faites; et à ce mépris se joint le plaisir de crever les ballons gonflés de vent, de se sentir supérieur en prouvant qu'on n'est pas dupe. »

Les bons côtés de la blague paraissent toutefois singulièrement inférieurs aux mauvais, car en adoptant en tout une incrédulité de parti pris, elle communique à l'esprit l'habitude de ne plus distinguer le vrai du faux, de ne plus respecter aucune chose et d'introduire la raillerie dans des domaines ou elle n'aurait jamais dû pénétrer. Elle se targue d'une expérience prématurée de la vie, elle se croit supérieure à tout, elle accueille tous les bruits les moins fondés, les nouvelles les plus inacceptables, et accable de sa pitié gouailleuse les naïfs qui croient encore en quelqu'un ou à quelque chose. Cela va même plus loin encore ; le blagueur de profession (car il y a des gens qui font ce métier-là) arrive souvent à ne plus distinguer le bien du mal, le juste de l'inique, se grise de ses discours, se gâte l'esprit et se fausse le cœur. En l'entendant d'ailleurs riant de tout, plaisantant sur tout, à propos de tout, on se sent navré ; on devine l'homme sous le masque et on se dit que cette gaîté d'emprunt doit avoir ses revanches et que, le rôle terminé, l'acteur doit éprouver d'étranges fatigues.

Ce mal que nous avons reconnu contagieux, s'est répandu dans la jeunesse et dénature les plus nobles de ses sentiments et les plus belles de ses qualités. Nous ne voulons point condamner le rire ; la gaîté est l'apanage des âmes naïves, et un bon rire, un franc rire est permis. Mais il faut prendre garde à la contagion et combattre cette habitude, dès qu'elle se manifeste en nous et chez nos enfants. Il faut apprendre à parler sérieusement des choses sérieuses, respectueusement des choses respectables, dignement des choses dignes ; cela n'empêche pas de rire quelquefois, de critiquer à propos ; mais gardons-nous de laisser notre rire s'égarer, notre critique dégénérer en habitude, notre conversation prendre la tournure *calembouresque*, nos entretiens se remplir de calembredaines, de bourdes et de mots piquants. Celui qui sait gouverner sa langue, dit un auteur sacré, est un homme parfait. Parlons donc, causons, discutons, conversons, plaisantons ; mais par respect, par convenance, par dignité, ne blaguons pas !

LE TACT

> Il y a des ménagements que l'esprit même et l'usage du monde n'apprennent pas. Sans manquer à la plus parfaite politesse, on blesse souvent le cœur.
> Mme de STAEL.
>
> La première des délicatesses consiste à respecter celle des autres.
> J. TROUBAT.

« Avoir du tact, ou n'avoir pas de tact » sont aujourd'hui des formules fréquemment employées dans les jugements que l'on se permet de porter sur le prochain. Dire de quelqu'un qu'il est homme de tact, c'est le relever considérablement dans l'estime publique, c'est le revêtir d'une auréole de sagesse, c'est affirmer qu'il possède une qualité que beaucoup n'ont pas et une qualité qui est d'une réelle valeur. Dire au contraire de quelqu'un qu'il manque de tact, qu'il ne sait pas ce que c'est que le tact, c'est jeter sur lui comme une flétrissure, c'est lui décerner un brevet, non seulement de gaucherie, mais de bêtise, c'est déclarer, dans bien des circonstances, que c'est un être dont il faut se défier, avec lequel il faut être prudent dans ses conversations.

Il s'agit donc d'une chose utile, précieuse à tous égards, d'autant plus précieuse qu'elle est plus rare. Qu'en est-il ? Le tact est-il un don ou s'acquiert-il ? Il vaut la peine d'étudier ce sujet.

Prenons tout d'abord, pour décrire le tact, la définition du dictionnaire. Littré nous dit : le tact est un jugement fin et sûr en matières de goût, de convenances et d'usage du monde. Posséder ce jugement doit être un moyen avantageux d'éviter bien des sottises, des désagréments, même des chagrins, de sorte qu'il y aurait dans le tact quelque chose de l'art instinctif, qui permet à celui qui le possède de se tirer des difficultés mieux que par le talent ou la science.

C'est ce qui faisait dire à un écrivain dont nous ignorons le nom : le talent, c'est la puissance; le tact, c'est l'habileté. Le talent, c'est le poids, le tact, c'est l'impulsion. Le talent sait ce qui doit être fait, le tact sait comment le faire. Le talent rend un homme respectable, le tact le fait respecter. Le talent, c'est la richesse ; le tact, c'est la monnaie courante.

Pris dans un sens plus précis encore, le tact nous apparaît comme un instinct qui nous fait distinguer ce qui, dans nos actes et dans nos paroles, peut être agréable ou désagréable, ce qui peut réjouir ou blesser. C'est un sentiment des nuances, qui nous arrête à temps sur une pente mauvaise en ce qui concerne nos procédés envers le prochain, ou qui nous indique la vraie manière d'agir à l'égard de nos frères. Il y a, en effet, du sens artistique dans le tact, car il s'agit de frapper juste, si l'on frappe, de bien viser le but, si on le vise, de donner la note exacte, de calculer avec intelligence. Manquer de tact, ce n'est pas autre chose que manquer le but, pousser un ton faux, alors qu'on croyait faire le contraire. De sorte que, si l'on trouve de l'adresse, de l'habileté, du savoir-faire chez l'homme qui a du tact, on rencontre de la bêtise, de la maladresse, de l'étourderie chez celui qui n'en a point.

Il y a donc des conséquences d'une certaine gravité pour la personne à qui le sentiment des nuances fait défaut, et ces conséquences sont toujours regrettables et parfois même déplorables. On peut par ce moyen blesser une conscience, aigrir un cœur, troubler une âme et cela pour longtemps, peut-être pour toujours, car on ne peut pas plus retenir une parole imprudente ou corriger un acte maladroit, qu'on ne peut arrêter à temps la balle d'un fusil ou la flèche d'un arc. D'autre part, le maladroit qui blesse ou qui froisse, peut être définitivement considéré comme un être simple, peu doué, dont il faut se méfier et qu'il importe de tenir à distance, et c'est là une opinion qu'il convient pour chacun de ne pas donner au prochain.

Le tact s'acquiert-il ? Il faut reconnaître que chez certaines personnes le tact paraît si naturel, il semble être si bien un côté du caractère, une vertu du cœur, qu'on ne peut s'empêcher de le considérer comme un don. Ces personnes privilégiées ont apporté du tact avec elles en venant dans ce monde, et cette qualité excellente n'a fait que se développer avec l'âge. Elles portent cela sur leurs traits; tous leurs faits et gestes respirent la prévenance, l'amabilité, la sollicitude pour le prochain, le désir de lui épargner des désagréments, des froissements; il y a dans tout ce qu'elles disent et font de l'abnégation et de l'amour. Elles ne redoutent pas quelque gêne, quelque renoncement, voire même quelque sacrifice pour le bien de leurs frères. Elles ne craignent pas de se faire petites, de laisser passer le voisin, d'être généreuses de cœur.

S'il en est ainsi, il sera aisé de comprendre que cette qualité s'acquiert. Ce n'est sans doute pas un travail facile; il y faut, au contraire, une persévérance qui ne se lasse pas, de nombreux efforts et une constante observation.

Puisqu'il s'agit d'un art qui nécessite de l'adresse, il y a presque une question physique dans ce domaine des convenances. Il faudra travailler à développer son goût, comme on cultive l'œil pour la peinture, comme on perfectionne son oreille en étudiant la musique. Trouver le joint d'une situation délicate, savoir se taire à propos ou parler judicieusement est une étude qui a beaucoup de rapport avec la culture des talents divers ; c'est dire que le but à atteindre est toujours difficile, et qu'il en est de ceci comme des choses auxquelles s'applique le proverbe connu : *c'est en forgeant qu'on devient forgeron.*

Puisque le tact se manifeste aussi bien dans les actes que dans les paroles, il y aura double surveillance à exercer sur soi-même pour choisir les meilleurs moyens de bien dire et de bien faire. Tant de choses peuvent échapper à notre attention. Il est si aisé de manquer de douceur ou de fermeté ; il est si facile, avec la meilleure intention, de se laisser entraîner à commettre des imprudences. La délicatesse du cœur, la discrétion, la prévenance, ne sont pas des qualités innées chez l'homme, il ne peut les posséder qu'en travaillant à les acquérir.

Toutefois, le moyen le plus sûr d'arriver

à être doué du tact, consiste à apprendre la pratique de l'amour du prochain. Aimer ses frères, c'est travailler à leur bonheur. « Aimer, c'est, comme on l'a dit, vivre en autrui, c'est lire dans son cœur, c'est sentir, c'est souffrir avec lui. L'amour du prochain, c'est la clef d'or qui nous ouvre les âmes, c'est lui qui nous dévoile tous les ressorts et tous les fils cachés qui mettent en mouvement la vie intérieure. » Combien la connaissance du cœur d'autrui modifie notre conduite, comme elle nous débarrasse des sentiments d'égoïsme, nous apprend à sympathiser aux souffrances du prochain ! L'homme qui ressentira pour ses frères une véritable affection, acquerra tout naturellement la précieuse et rare qualité dont nous faisons ici l'apologie. Nous pourrions donc nous borner à dire, sous forme de conclusion : Aimez, car l'amour est la source de la sagesse.

LES PETITES CHOSES

> Le mal ne vient pas toujours à flots, il s'insinue souvent goutte à goutte, mais on ne finit pas moins par être submergé.
> BOSSUET.
>
> Quand les grandes passions dorment, les petites se mettent en mouvement.
> DELINGRÉ.

Une brave dame atteinte de rhumatisme m'exprimait son étonnement du fait que malgré toute sa prudence, elle se heurtait souvent à de toutes petites pierres, ou à de tout petits obstacles qui se trouvaient sur son chemin, tandis qu'elle pouvait enjamber de grosses pierres, gravir de pénibles escaliers sans faire de chute ou de faux pas.

Cette réflexion m'amena à penser au rôle

immense que jouent les petites choses dans la vie. Nous ne les voyons pas, nous les soupçonnons à peine, et elles nous font trébucher. Un bon gros obstacle, soit physique soit moral, est si visible et si dangereux, que nous prenons presque inconsciemment notre élan pour le franchir ou que nous rassemblons nos forces et notre patience pour le tourner ou l'éviter. Dans tous les domaines de la vie, l'accomplissement des petits devoirs donne la mesure de ce dont l'homme est capable. « Celui qui est fidèle dans les petites choses le sera aussi dans les grandes, » dit l'Écriture sainte.

Que de personnes supportent avec une patience admirable de grandes douleurs ou de grandes épreuves et se laissent abattre et décourager par les petites contrariétés ! Elles se sont préparées et armées contre les vraies grandes souffrances, et se trouvent impuissantes contre les petits tracas et dépits journaliers, qui deviennent pour elles une cause d'agacement et de troubles douloureux ; c'est alors que les petits hasards amènent les grandes catastrophes.

Et les petites tentations ! Qu'il est difficile

d'être en garde contre elles ! c'est si peu de chose et cela paraît au premier abord si peu en désaccord avec les principes qu'on se laisse le plus souvent entraîner bien loin sans s'en douter, tandis que si la séduction s'était montrée de suite dans toute sa laideur on aurait résisté sans hésitation. Mais est-ce la peine de lutter, quand il ne s'agit que de faire une toute petite dette, de boire un verre de vin de trop, de veiller une heure plus tard avec des amis ou de faire une mauvaise lecture ?

C'est précisément cette *insaisissabilité* des petites choses qui fait leur force et leur vitalité. On a remarqué que dans le genre animal, les plus petites bêtes (insectes ou microbes) se reproduisent d'une manière incroyable; aussi l'homme qui se fait un jeu de combattre les tigres, les lions, les éléphants ou les baleines, se trouve-t-il impuissant en face de moustiques ou de tant d'autres animalcules qui, par légions, détériorent ses vêtements, corrompent ses boissons et ses aliments et s'attaquent même subrepticement à sa santé et à sa vie, en pénétrant sous sa peau ou dans ses poumons.

Pour combien d'hommes aussi, les petites dépenses n'ont-elles pas été une occasion de grands embarras pécuniaires ou même de ruine ? Pourquoi se refuserait-on un petit confort, un petit objet de toilette ou une gourmandise ? Ces petites choses qui deviennent bientôt des nécessités, font à la longue une large brèche à la bourse. Qui dira quelles sommes énormes sont englouties dans l'achat de mille bagatelles sans utilité, tandis que, dans le plus grand nombre des ménages, cet argent dépensé inconsidérément par le mari ou par la femme, fait défaut pour les objets d'absolue nécessité.

L'homme est ainsi fait qu'il se laisse facilement tenter et entraîner par tout ce qui se présente à lui sous une forme attrayante et innocente ; du moment où il constate que le fait n'est pas absolument contre sa conscience, qu'il ne fera pas scandale, il n'essaie pas même de lutter, et c'est alors qu'il trébuche.

Un penseur a dit : « Les santés, comme les ménages, comme les empires, se détruisent par les petites dépenses inutiles et journalières ». De même que les tout petits animaux se multiplient extrêmement, de même les contrariétés, les petites tentations, les occasions de petites dépenses ou de petits excès sont infiniment plus nombreuses que les grandes séductions; elles se présentent journellement et c'est ce qui fait leur danger.

Aussi tel homme qui se flatte de n'être ni ivrogne, ni gourmand, ni libertin, se laissera aller à l'occasion et sans y voir grand mal, à boire et à manger un peu trop en compagnie, ou se complaira à dire et à entendre des récits quelque peu scabreux. C'est une pente qui peut conduire bien bas.

Si les petites *mauvaises* choses ont une grande influence en ce monde, les petites *bonnes* choses ne sont pas à dédaigner et produisent de leur côté les plus heureux effets pour ceux qui savent les saisir au passage et les utiliser. — Que de petits gains ont rendu la bourse pesante! Les petits gains reviennent souvent, les grands rarement.

N'est-ce pas l'observation de faits insignifiants qui a amené les découvertes les plus étonnantes ? Ne sont-ce pas les plus petites plantes qui ont les propriétés curatives les plus merveilleuses ? Qui dira quelle incroyable influence peut exercer un tout petit enfant dans l'intérieur d'une famille ou sur un cœur dur et intraitable ? Quel bien peut produire une petite parole ou même un regard bienveillant semés ici ou là sur notre route !

Ne méprisons donc pas les petites choses ; soit en bien, soit en mal, elles ont une importance incalculable dans notre destinée ; évitons celles qui font broncher, et saisissons comme des trésors celles qui peuvent contribuer à notre bonheur, à notre perfectionnement ou au bien de nos semblables.

LES CAUSES ET LES EFFETS

> De grands événements sont souvent confiés à de petits hommes.
> E. DE GONCOURT.
>
> Il y a des événements qui deviennent inévitables à force d'être prédits. ***.

S'il est un adage qu'on ait l'habitude de répéter à tout propos, c'est celui-ci : « Les petites causes produisent les grands effets »

Comme tous les proverbes, on l'applique en général trop légèrement, sans réfléchir à ce qu'il peut renfermer de vérité ou d'erreur, suivant le cas.

Si l'on voulait toujours faire dépendre une catastrophe ou un événement du fait qui les a provoqués, le proverbe aurait cent fois raison. Il suffit souvent d'un rien pour amener une guerre, un incendie, un éboulement, un suicide, le déshonneur et la ruine. Mais ajoutons vite que ce rien n'est qu'apparent, car plus les causes secondes qui paraissent avoir déterminé un grand événement sont petites, plus les causes premières, cachées, pour ainsi dire, dans les entrailles même de l'événement, doivent avoir été puissantes. Nous ne croyons pas aux petites causes, mais aux petites occasions des catastrophes ou des bonheurs qui nous étonnent; les vraies causes sont toujours grandes, mais une goutte d'eau fait déborder un vase déjà plein.

Il arrive cependant, dans quelques cas spéciaux, qu'une toute petite circonstance amène des résultats inattendus. Que dire, par exemple, de ce jeune homme poli, qui, rendant par hasard un léger service à un étranger en passage, se trouve quelques années après l'héritier de la fortune de cet inconnu? Que dire encore de ce jeune homme pauvre qui devint un banquier célèbre pour avoir relevé une épingle dans le cabinet de travail de l'homme auquel il demandait de l'occupation ? Chacun sait qu'une rencontre imprévue, un regard, une impression fugitive peuvent changer le cours d'une existence. La biographie des grands hommes de tous les temps et de tous les pays le prouve surabondamment. Il y a des coups de baguette féérique dans l'existence humaine, mais ces cas sont les exceptions et non la règle ; il ne serait pas juste que les grandes circonstances de la vie dépendissent d'un souffle de vent ou d'un fétu de paille.

On pourrait aussi, dans certaines occasions, retourner le proverbe déjà cité et dire : les grandes causes produisent les petits effets. Tout arrive, même les choses les plus ridicules, et le temps n'a point disparu où la montagne accouchait d'une souris. Que de vies consacrées à un but chimérique ; que de labeurs, de démarches, d'efforts pour aboutir à quoi ? A rien. Que de coups de trompette, que de réclame, que d'éloges prodigués à une cause ou à une découverte encore très problématique, ou à un soi-disant héros qui se trouve n'être qu'un aventurier vulgaire !

Dans la règle, et suivant les dispensations d'une providence sage et juste, les grands effets sont précédés de grandes causes, souvent cachées, mais pourtant indéniables.

Vous pensez que ce conflit entre deux nations provient uniquement de ce petit fait qu'ont rapporté les journaux; non, le feu couvait sous la cendre, les griefs et la rancune s'étaient amoncelés depuis longtemps et n'attendaient qu'une occasion pour se faire jour.

Ce jeune homme qui se suicide ou qui s'enfuit, laissant sa famille sous le coup de son déshonneur et de sa honte, est-ce un chagrin d'amour, comme on le dit, sont-ce des dettes, la passion du jeu qui l'ont conduit jusque-là? Oui, sans doute; mais les vraies causes remontent beaucoup plus loin. Il s'est fait graduellement en lui une décomposition morale qui lui a faussé le jugement; les mauvaises compagnies, une vie irrégulière, une certaine faiblesse de caractère, ont amené la chute qui a surpris chacun; à moins d'un sérieux retour sur lui-même, le résultat était inévitable. Les causes premières et définitives des banqueroutes morales et financières sont toujours antérieures aux circonstances qui ont paru les amener.

Voilà une banque qui sombre, réduisant au désespoir un grand nombre de familles. C'est une mauvaise spéculation, dit-on, c'est l'infidélité des employés, c'est le trop grand train de vie des directeurs; oui, c'est tout cela, probablement, qui a favorisé la ruine; mais l'état de chose défectueux date de haut et aurait pu et dû être observé plus tôt.

Voici des époux jusqu'ici regardés comme formant un heureux ménage et qui se séparent brutalement à la suite d'un fait en lui-même peu important, quoique tout ait une importance excessive dans la vie des familles. On dit qu'une discussion s'est élevée entre eux au sujet d'un enfant à punir ou d'une rentrée tardive du mari, ou d'une toilette trop coûteuse de la femme; on dit que, des mots acerbes, on en est venu aux cris et aux coups et qu'on a reconnu l'impossibilité de la vie en commun. Tout cela est vrai, mais on frémit en songeant à ce qui a précédé l'éclat final, car on supporte beaucoup, dans la vie mariée, avant de laisser voir ses plaies au public; et le fiel s'était amassé dans les cœurs, et il ne fallait plus qu'une goutte d'eau pour faire déborder le vase.

Il est heureux que nous ne puissions prévoir le dénouement de tous les actes que nous accomplissons. Si nous étions très perspicaces, nous n'oserions ni manger, ni nous marier, ni faire une vente ou un achat, sans mille précautions qui nous empoisonneraient l'existence. Pas assez de prévoyance et de prudence est un défaut, mais trop de prévoyance en est aussi un. Agissons au mieux, suivant notre conscience, et laissons la Providence amener les résultats qu'il lui plaira. Fais ce que dois, advienne que pourra.

PETITS SOINS, GRANDS BIENFAITS

> Ne croyez jamais trop faire pour avoir la paix; la paix est le couronnement du bien.
> LAMENNAIS.
>
> Le devoir est d'être utile, non comme on le désire, mais comme on le peut.
> AMIEL.

J'ai gardé, comme un souvenir ineffaçable, la recommandation que faisait un jour un pasteur à un groupe d'enfants au milieu duquel je me trouvais : « Toutes les fois, disait-il, que vous verrez sur votre chemin un obstacle, même de peu d'importance, enlevez-le; une pierre, un morceau de bois peuvent provoquer les plus grands malheurs. Vous voyez l'objet, vos yeux excellents vous permettent de l'éviter, mais une autre personne qui ne jouit pas du même privilège d'avoir une bonne vue, passant par le même chemin peut faire une chute des plus graves. Lui éviter un accident, c'est accomplir un acte de charité. » Dès lors, ce conseil m'a été fort utile; tout ce qui parait insignifiant à première vue m'a préoccupé, et j'ai reconnu que les petites choses ont souvent plus d'importance qu'elles ne semblent en avoir.

A Marseille, dit un éducateur, on mange beaucoup d'oranges et l'on n'a pas tort, car elles y sont bonnes, elles y sont bon marché, et la santé s'en trouve bien. Mais en mangeant le fruit, chemin faisant dans la rue, on jette les pelures sur le pavé, sur le trottoir, et ceci ne vaut rien; on ferait mieux de les jeter dans les bouches d'égoûts qui ne sont pas rares, ou bien encore de les mettre dans sa poche qui n'en sentirait que meilleur, ou de les rapporter à la maison. Mais quoi! il est bien plus simple, bien plus commode d'en semer les morceaux sur son passage, advienne que pourra. Or, il advient que maint passant distrait met le pied sur l'écorce, glisse, tombe et se blesse ou même se casse un bras, une jambe. Mais, dira-t-on, c'est aux passants à prendre garde et à voir où ils marchent. D'accord; cependant il ne serait pas mal, il serait même bien et charitable de prévenir les accidents qui peuvent par notre faute arriver au prochain, surtout quand il en coûte si peu. Nous devons pardonner aux autres d'être étourdis ou préoccupés, nous devons admettre qu'on peut avoir à courir, nous devons surtout convenir qu'il y a des gens qui pour leur malheur ont la vue faible et quelques-uns même qui n'y voient pas du tout. Irons-nous jusqu'à dire : Tant pis pour les aveugles !

Il y a des mouvements insignifiants, des habitudes prises, des manies peut-être, qui peuvent être des actes de vraie charité. On parlait un jour d'un brave homme dont on disait, avec une pointe d'ironie, qu'il ne pouvait souffrir de trouver un objet hors de sa place. Un chiffon de papier, une branche d'arbre, une pierre tombée d'un chariot, une planche trop au bord de la route..... choquaient sa vue et le forçaient en quelque sorte à s'arrêter pour remédier à ce qui lui paraissait anormal. Il y perdait beaucoup de temps, il y gagnait le sourire railleur des passants, mais il serait peut-être curieux d'énumérer les accidents que cette prévoyance exagérée peut avoir épargnés. D'ailleurs, c'est la bonté seule qui poussait ce brave homme à agir ainsi, c'est sa bonne âme qui lui avait inculqué cette curieuse habitude. Il savait fort bien que l'on peut être cruel par défaut de précaution, tout comme on arrive à être homicide par imprudence.

Que de choses, que de détails, que d'objets sans valeur apparente, qui deviennent singulièrement importants si l'on veut bien regarder aux conséquences qu'ils peuvent provoquer. En toutes choses il faut considérer la fin ! Si la prévoyance est bonne et louable pour nous-mêmes, dit un penseur, elle est encore meilleure pour nos semblables. On n'a pas tous les jours l'occasion d'accomplir un acte de haute vertu, de dévouement et d'abnégation. La vie n'est après tout qu'une suite, un tissu de menues actions, mais dans lesquelles on trouve l'occasion d'appliquer les grands principes de la morale, pour peu qu'on veuille bien se donner la peine de trouver le lien qui les rattache à ces principes. Laisser un obstacle sur la route, oublier un objet dangereux... ce ne sont certes pas des crimes, mais cela peut causer des malheurs, et, si l'on se place à ce point de vue, la précaution s'impose et devient un devoir.

Cette même prévoyance, il est utile de l'enseigner au foyer, il importe de l'inculquer aux enfants, de les pousser même à une certaine minutie ; on se guérit si vite de ce défaut. Il semble en effet que, pour l'enfant, rien n'est plus naturel que de déranger toutes choses et de ne rien remettre en place. Il prend ses joujoux, s'amuse, les étale, les disperse dans tous les coins, les place et les déplace, sans songer, après usage, à tout rentrer, tout cacher. Le dîner fini, il jette sa serviette n'importe où ; il revient de l'école, il abandonne son sac sur le premier siège venu ou dans le coin de la chambre ; il lance son bonnet sur un meuble ; il va se coucher et ne songe pas à mettre en ordre ses vêtements... Tout cela devrait être réglé, ordonné. Heureux l'enfant que l'on rend attentif à ces petits détails et qui finit sous une sage direction par comprendre la valeur du bon ordre, l'importance des petites choses; heureux celui qui arrive à se convaincre que l'acte le plus infime peut être l'occasion d'éviter les plus grands malheurs ou de rendre les plus grands services.

Ces détails offrent dans la vie de famille l'occasion de petites leçons de morale toujours utiles, dont les sujets se présentent d'eux-mêmes, les incidents et les accidents de la vie journalière en fournissant une ample matière. L'éducation doit mettre à profit ces petites choses; elles font partie du développement moral, car la valeur d'un homme se mesure au degré de prévenance, d'obligeance et de prévoyance, qu'il devient capable de s'imposer dans l'intérêt ou pour le plaisir de ses semblables. Agir de cette façon, c'est être bon. Or, pour être bon, il n'est pas suffisant de n'être pas méchant, il faut encore faire le bien et empêcher le mal. La bonté est une chose active et non passive, et pour la bonté vraie, il n'y a pas de si petits détails qui ne puissent avoir leur importance.

DES MANIÈRES

> Les manières, que l'on néglige comme de petites choses, sont souvent ce qui fait que les hommes décident de vous en bien ou en mal. La BRUYÈRE.
>
> Dans une grande âme, tout est grand.
> PASCAL.

Les manières sont, a-t-on dit, l'un des principaux attrait extérieurs du caractère. Elles sont l'ornement de l'action et donnent souvent de la beauté aux fonctions les plus humbles, par la façon dont on s'en acquitte. C'est un art véritable que de savoir décorer les moindres détails de la vie et de contribuer ainsi à la rendre agréable.

Nous ne parlons pas ici des règles artificielles inculquées par l'usage, ni de ce que l'on est convenu d'appeler l'étiquette. Celle-ci n'est que trop souvent l'essence de l'impolitesse et du mensonge. « Même en la regardant de son bon côté, l'étiquette n'est qu'une substitution des bonnes manières, et souvent elle n'en est que la contrefaçon. » La vraie politesse doit se faire remarquer par la sincérité, il doit y avoir en elle de la bienveillance, de la charité pour le prochain, la preuve qu'on l'estime, qu'on le respecte, qu'on l'aime.

Les manières doivent être inspirées par le désir de rendre heureux nos semblables, et il n'y a pas de procédés si futiles en apparence qui n'aient leur valeur et qui ne méritent l'attention de tout homme de cœur. Regarder autour de nous pour nous convaincre que nos mouvements ne gênent, ni ne blessent personne, est un devoir bien naturel. Encore ici la règle d'or doit présider à nos moindres gestes : « Faites aux autres ce que vous voudriez qu'on vous fît. »

La vraie civilité se montre dans la déférence qu'on professe pour la personnalité d'autrui, et cette déférence ne naît pas toute seule dans le cœur humain, elle n'est et ne peut être que le produit d'une éducation sérieuse. Citons des faits :

Il semble que rien n'est moins grave que de laisser une porte ouverte, quand on entre ou quand on sort d'une chambre. Nos lecteurs qui possèdent des enfants savent par expérience trop fréquente combien fermer une porte est chose peu naturelle à l'enfant, combien de fois en un jour il faut répéter les mêmes observations sur ce sujet. Pourtant fermer une porte n'est pas seulement une affaire de convenance, c'est aussi une question de prudence. Qui ne sait les inconvénients et même les dangers des courants d'air ! Que de maux irréparables ils ont déjà produits ! Un enfant mal élevé ne songe pas aux suites possibles de sa négligence, c'est-à-dire qu'il s'occupe de lui et non de son prochain.

L'incivilité se dévoile, dit-on, comme étant toujours de l'égoïsme voulu ou involontaire. Du reste, la preuve que cette politesse faite de bienveillance est peu pratiquée et que généralement on se soucie bien peu de l'intérêt du prochain, c'est le fait que toute personne qui tient à sa santé, doit marquer sa porte de cet écriteau qu'on voit partout : *Fermez la porte, s. v. p. !*

Autre fait : Monter un escalier en tenant la rampe, de façon à forcer ceux qui descendent à la lâcher, ne semble pas une grave impolitesse. Et pourtant il n'est pas besoin d'acheter de l'intelligence pour comprendre que celui qui descend un escalier a bien plus besoin d'appui que celui qui monte, que si l'on tombe en montant, cela ne peut être sérieux, tandis que tomber en descendant peut être d'une gravité exceptionnelle.

Petits détails ! dira-t-on ; détails si vous voulez, mais aucun détail n'est à mépriser dans la vie. Il en est de ces petites choses comme de celles dont un écrivain sacré dit : « considérez combien de bois un petit feu peut allumer. » « Ce n'est rien », disent beaucoup de gens à propos de bien des choses, ce n'est rien et pourtant c'est beaucoup, si l'on pouvait prévoir tout ce qui résultera de ce rien. L'inimitable conteur P.-J. Stahl parlait un jour des petits défauts : « Ce n'est rien qu'un grain de poussière, disait-il, mais laissez la poussière s'amasser, elle couvrira bientôt tout un logis. Ninive, Babylone et Carthage, et tout ce qui est mort en fait de cité et de nation, tout ce qui a disparu, ce sont des grains de poussière accumulés, c'est la cendre du temps qui les cache à jamais. » Parlant aussi des petites vertus, il ajoute : « Un beau petit paquet, une simple gerbe de petites vertus vaut un bloc d'héroïsme ; un bouquet de ces petites fleurs-là, pour les gourmets du cœur, cela vaut tous les jardins, tous les parcs royaux. »

Il ne doit y avoir en éducation rien de trop petit ; les manières et les procédés ne devraient jamais nous paraître insignifiants. D'ailleurs les choses ne nous semblent indifférentes que par notre propre indifférence ; elles ne nous apparaissent sans importance que par notre légèreté. Inculquons donc à nos enfants la pensée que dans nos relations avec le prochain rien ne doit être méprisé, que toutes nos manières, nos gestes, nos allures, nos procédés doivent puiser leur inspiration dans le désir de contribuer au bonheur des autres et dans l'abstention de tout ce qui peut leur être désagréable. Le manque de respect pour le prochain résulte de l'égoïsme et provient moins peut-être de la méchanceté, que du défaut de cette intelligence et de cette attention qui nous apprennent à saisir ces mille petits riens, indifférents en apparence, par lesquels il est si facile de causer du plaisir ou de la peine. On peut dire, sans se tromper, que c'est dans le perpétuel sacrifice de soi-même, dans les nombreux rapports de la vie habituelle, que consiste surtout la différence entre l'homme bien ou mal élevé. Quoiqu'il en soit, il est incontestable que le bonheur sur cette terre dépend beaucoup de l'affabilité et du désir d'obliger ses semblables. Cette politesse qui vient du cœur est la moins chère de toutes les jouissances, c'est le plus modeste de tous les talents, et cependant il est si utile et si agréable, qu'on ne saurait trop s'efforcer de l'acquérir, trop se donner de peine pour l'enseigner aux enfants.

LA PASSION DE LA LECTURE

> Les grandes lectures nous donnent l'illusion d'une longue existence. A force de vivre dans le passé et dans des pays différents, nous finissons par avoir plusieurs siècles et plusieurs patries.
> Marie VALYÈRE.
>
> Rendez-vous maîtres des livres, mais ne souffrez pas qu'ils se rendent maîtres de vous. Bulwer LYTTON.

Une mère de famille me parlait avec inquiétude de son fils, garçon de douze à quatorze ans, que la passion de lire entraîne à négliger ses devoirs d'école et à emprunter des livres de tous côtés et sous toutes sortes de prétextes. — Tout en prenant une vive part à ses soucis, je lui dis que je la trouvais autant à féliciter qu'à plaindre; que cette soif de lecture devient malheureusement trop rare, et que mieux vaut un enfant qui lit trop, qu'un enfant qui ne lit pas assez. Après une longue conversation sur ce sujet, nous fûmes d'accord que ce besoin si impérieux devait être respecté et satisfait dans une mesure convenable, mais qu'elle emploierait toute la vigilance possible pour le modérer et le maintenir dans de justes limites.

Cet incident ramena mes pensées vers l'époque où j'étais moi-même dévorée d'un ardent désir de tout lire et de tout savoir. — On trouvera peut-être exagéré le mot de passion attribué à ce penchant irrésistible ; mais ceux qui ont eu le privilège ou le malheur de le ressentir dans l'enfance et qui plus tard ont connu d'autres passions, conviennent que celle de la lecture les égale, si elle ne les surpasse pas. Elle n'est peut-être pas aussi violente dans ses manifestations et dans ses résultats, mais elle n'en est pas moins impérieuse et surtout durable et profonde. Elle conduit l'enfant le plus timide et le moins roué à accomplir des prodiges de diplomatie pour se procurer des livres n'importe où, et pour les lire en temps et hors de temps, et en dépit de toutes les remontrances et de toute la surveillance possible.

Nous ne prétendons point excuser ceux qui lisent au point de négliger leurs devoirs, ou uniquement pour la surexcitation agréable que produisent certains épisodes romanesques. Cependant cette passion, aussi bien que d'autres, est un don précieux de Dieu, et peut être féconde en heureux résultats. Anatole France, cet esprit si sympathique et si pondéré, dit : « Je préfère la folie des passions à la sagesse de l'indifférence. » L'Écriture sainte parle de la violence comme étant nécessaire pour atteindre un but.

Non que la passion autorise ou excuse les folies ou les violences, mais c'est elle qui soulève le monde; elle fait admirer et jouir profondément; il est vrai qu'elle fait aussi souffrir profondément, l'un compense l'autre; mais mieux vaut cela que la passivité de certains tempéraments que rien n'émeut et ne fait vibrer.

La passion de lire s'éveille en général de bonne heure, lorsque les circonstances favorisent son exclusion. Il est des âmes d'enfants qui ont besoin d'émotions : elles s'enflamment ou s'indignent, admirent ou méprisent, et la lecture seule est capable de satisfaire cette impressionnalité, surtout quand la vie journalière est mesquine ou misérable. L'enfant se crée ainsi un petit monde à lui, dans lequel se meut son esprit ; ce qui ne l'empêche pas de s'occuper de travaux manuels, et même de les faire très bien, à moins qu'il n'ait une nature contemplative et un peu paresseuse, ce qui arrive.

Il nous paraît que les enfants de nos jours lisent moins volontiers que la génération précédente ; cela tient peut-être à l'organisation actuelle des écoles et aux méthodes d'enseignement. Autrefois l'école elle-même favorisait cette disposition, du moins chez les jeunes filles. Des après-midi entières étaient consacrées aux ouvrages manuels, et pendant ce temps les élèves faisaient à tour une lecture intéressante ou même amusante. Les travaux n'en allaient que plus vite, et les enfants acquéraient ainsi un vrai amour pour la lecture ; pendant les récréations, plusieurs d'entre nous se réunissaient pour discuter et deviner le dénouement du livre.

Les gens très sensés seront sans doute indignés qu'on inculquât ainsi, comme à plaisir, des idées romanesques à des fillettes qui n'en avaient nul besoin. Je n'ai cependant pas remarqué que ces lectures eussent une influence défavorable sur nous; la plupart lisaient aussi à la maison; nous nous arrachions les livres nouveaux de la bibliothèque du village. Il en résultait que, malgré l'insuffisance des trois ou quatre classes primaires dans lesquelles nous passions notre vie d'école de sept à seize ans, les élèves intelligentes étaient d'un niveau d'instruction aussi élevé que celui des élèves actuels des villes, qui passent par tous les degrés des écoles primaires, secondaires, supérieures ou normales.

Les jeunes gens et les jeunes filles de notre époque me paraissent en général assez indifférents à une lecture même émouvante. Cela les prive d'une infinité de jouissances précieuses et ce n'est pas à l'honneur de leur cœur et de leur esprit. Dans certaines soirées de lecture, j'ai remarqué parfois une impassibilité vraiment étonnante sur de jeunes visages qui auraient dû se montrer émus par une belle page ou égayés par un trait d'esprit. D'autres physionomies sont presque transfigurées par l'émotion ou une douce gaîté. Ceux qui ont beaucoup expérimenté la vie affirment que pas un des plaisirs du monde n'a valu pour eux la jouissance que procure un livre intéressant.

L'éducation de notre époque est trop méthodique et trop compliquée; elle laisse peu de place et de temps à l'initiative individuelle. Peu à peu la sensibilité, la vivacité de l'esprit se trouvent refoulées dans les bas-fonds d'où elles surgissent parfois plus tard, grâce à certaines circonstances, mais où elles restent souvent ensevelies.

La somme de science qu'on peut acquérir ou qu'on est censé acquérir pendant ce temps, compense-t-elle ce qu'on laisse perdre de fraîcheur d'esprit et de spontanéité ? Là est la question. Laissons la jeune génération se mettre à l'œuvre et lutter avec la vie et nous en verrons les résultats.

Nous ne prenons pourtant pas le parti de la lecture sans restriction. Nous comprenons jusqu'à un certain point les parents qui surveillent rigoureusement les lectures de leurs enfants ; il en est même qui leur interdisent tout livre uniquement récréatif. Ils ont sans doute d'excellentes raisons pour cela. Cependant je crois qu'on s'exagère le danger qu'un livre, même immoral, peut exercer sur le cœur d'un enfant. Si ce dernier n'est pas d'une perversité précoce, il ne savourera et ne retiendra d'un livre que ce que son petit jugement lui permettra de comprendre. — Je me souviens qu'étant âgée de dix ans environ, je vis ma sœur aînée placer avec mystère tout au haut d'une armoire quelques volumes reliés en noir. Cela me parut suspect ; je flairai du fruit défendu, car j'avais remarqué que ma rage de lire commençait à inquiéter mes parents et qu'on me cachait certains livres qui ne convenaient sans doute pas à mon âge. Comme j'étais très petite, je plaçai deux chaises l'une sur l'autre et parvins à saisir un des volumes, qui se trouva être le tome cinquième du *Juif errant*. Je le parcourus avec une hâte fébrile et pris successivement les autres, en usant de ruses dignes d'un Peau-

Rouge; je serais fort en peine de retrouver aujourd'hui la centième partie de la diplomatie dont j'usai dans mon enfance pour me procurer des livres, et surtout pour parvenir à les lire en cachette. Il ne m'est resté de ces lectures hâtives et au-dessus de ma portée, qu'un souvenir assez vague, mais agréable; j'ai eu l'occasion de relire à l'âge de raison quelques-uns de ces livres et, chose particulière, j'y ai découvert alors des détails inconvenants ou des situations peu morales qui ne m'avaient pas frappée quand j'étais enfant. Ce qui prouverait qu'en bien des cas la mémoire de l'enfant est un tamis qui laisse passer inaperçues bien des matières dangereuses; mais si même l'esprit clairvoyant de l'enfant entrevoyait de petites choses qu'il a le temps d'apprendre plus tard, encore vaudrait-il mieux ne pas étouffer cette passion, faute d'aliment pour la satisfaire; une passion comprimée peut en faire naître de plus funestes. D'ailleurs, malgré toute surveillance, un enfant qui veut lire trouvera moyen de le faire; mieux vaut donc lui en accorder de bonne grâce le temps et les moyens.

Il est vrai que toutes les lectures ne sont pas propres à susciter de généreuses émotions, inspirer de nobles exemples et meubler l'esprit de choses profitables. Bien s'en faut, malheureusement; ce ne sont pas celles-là qu'on préfère ou qui tombent ordinairement sous la main. Cependant, tout bien compté, mieux vaut « trop de lecture » que « pas assez ou point de lecture ». L'enfant acquiert dans cette espèce d'école buissonnière une quantité incroyable de notions sur les sujets les plus divers; les matériaux s'accumulent dans son esprit, et il est tout surpris plus tard de retrouver dans sa mémoire des données assez justes sur toutes choses. D'ailleurs, en avançant dans la vie, cette passion s'apaise; d'autres devoirs s'imposent, on lit moins, et surtout on lit moins rapidement.

Presque tous les grands penseurs de notre époque ont été des liseurs. Michelet, Quinet et bien d'autres ont fait des livres leurs compagnons les plus chers. Francisque Sarcey raconte que, lorsqu'il venait du Lycée passer ses grandes vacances dans la maison paternelle, son passe-temps était de fureter dans le galetas où se trouvaient entassés de vieux bouquins. Il y restait des journées entières, ne descendant que pour manger, et il avoue qu'il a trouvé dans ces lectures faites sans ordre de vrais trésors, « qui ont enrichi son esprit et formé son jugement ». Plus tard il conserva ce goût que lui imposait du reste sa vocation de professeur et de journaliste. Cela nous explique la profonde érudition qu'on découvre dans ses chroniques, quoiqu'elles soient écrites au courant de la plume et sans prétention aucune. N'étant, à proprement parler, qu'un écrivain, il parle à l'occasion des beaux-arts comme un artiste, de vieilles médailles comme un numismate, de blason comme un héraldiste, de procès comme un homme de loi, de manœuvres militaires comme un vieux général, de tout, en un mot, avec une bonne grâce qui prouve qu'il est familiarisé avec toutes ces choses. Est-ce l'école ou l'université qui peuvent favoriser ce degré de culture générale ? Non, c'est la lecture, du moins elle peut en revendiquer la grande part. Jointe à la fréquentation du monde et à une longue expérience, elle peut donner la plus profonde connaissance du cœur humain qu'il soit possible d'acquérir.

Si nos enfants sont tourmentés de ce désir de lire, n'éteignons pas brutalement cette ardeur qui peut tourner à leur plus grand avantage, modérons-la, dirigeons-la ; s'ils ne la possèdent pas, efforçons-nous de l'éveiller en leur racontant et en leur lisant des récits instructifs et amusants. Il se publie tant de charmants ouvrages pour la jeunesse, qu'il serait dommage que le petit nombre seulement en profitât. On me dira avec raison que l'encouragement à la lecture peut conduire plus tard le jeune homme et la jeune fille à aimer la littérature dangereuse et immorale dont notre époque a le triste monopole. Mais ceci sort du cadre que nous nous étions tracé en parlant de la noble passion de la lecture et de l'attitude que doivent avoir les parents en face d'elle. Le jeune homme et la jeune fille de seize à vingt ans échappent déjà à l'influence et à la surveillance de la famille ; ils sont responsables d'eux-mêmes. Ceux qui, étant enfants, auront fait leurs délices de la lecture, seront plutôt moins portés à apprécier ce genre de littérature, leur esprit et leur jugement étant plus formés et plus sérieux. Les liseurs effrénés de romans licencieux n'aiment point la lecture elle-même, mais l'excitation coupable qu'elle fait naître.

Loin de favoriser la mondanité et l'amour des aventures romanesques, la vraie passion pour la lecture fait paraître bien tièdes et bien insignifiants les délassements que le monde peut offrir : théâtre, réceptions, concerts même; le liseur sérieux préférera à tout cela une heure de tête-à-tête avec ses livres, qui, eux du moins, sont des amis fidèles et discrets, dont la compagnie ne produit ni commérages, ni déceptions. Mais, me direz-vous, parmi la quantité de productions littéraires, ne risque-t-on de perdre beaucoup de temps, et de ne rencontrer que rarement un livre profitable pour le cœur et pour l'esprit ? Cela est vrai ; cependant, à force de lire, on arrive à juger bien vite si un ouvrage est digne d'être lu. On peut en une heure se faire une idée assez exacte du contenu d'un volume; s'il n'en vaut pas la peine, c'est déjà trop de temps perdu, mais s'il est bien écrit et intéressant, on éprouve une jouissance infinie à le relire et à le savourer à loisir. Rares sont les livres qui supportent une seconde ou une dixième lecture ; nous en avons cependant rencontré. Nous ne les nommerons pas de peur d'avoir l'air de faire de la réclame ; du reste les goûts sont si différents, même en lecture ! Tel ouvrage m'a paru délectable, que j'ai entendu traiter de scie par des personnes de goût. L'essentiel est d'y trouver ce que notre cœur ou notre esprit réclament ; tant pis si d'autres ne l'y trouvent pas. C'est pourquoi les critiques les mieux faites sont sujettes à caution ; chacun juge à son point de vue particulier, et souvent selon ses sympathies ou ses antipathies personnelles.

Ceux qui ont été pervertis par la lecture se seraient probablement pervertis sans elle. Le grand, très grand danger qu'elle présente lorsqu'on en abuse, c'est l'affaiblissement de la vue ; presque tous les liseurs sont devenus myopes. C'est un détail très pratique, mais qui a son importance et qui devrait engager à ne consacrer à l'étude et à la lecture qu'un temps limité, de manière que les yeux puissent se reposer. Il n'est pas donné à chacun d'avoir une fille, une épouse ou un ami qui consente à lui faire la lecture s'il devient aveugle ou à peu près. Mieux vaut donc ménager, dans la mesure du possible, les organes visuels qui, une fois malades et fatigués, sont bien difficiles à fortifier et à guérir.

L'ESPRIT DE CONTRADICTION

> On parvient quelquefois à vaincre les gens dans une discussion, à les convaincre jamais. — A. Dumas, fils.
>
> Il y a des gens qui croient mériter le brevet d'originalité en parlant et en agissant juste au rebours des usages reçus.
> — E. Raymond.

Le bon LaFontaine dont plusieurs fables prouvent en quelle petite estime il tenait la femme, attribue à cette dernière, entre autres travers, celui de la contradiction ; il avait probablement fait ses expériences à cet égard. Cette disposition serait-elle l'apanage des dames seulement ou bien leurs seigneurs et maîtres participent-ils quelque peu à cette faiblesse ? Nous laissons à nos lecteurs le soin de répondre à cette question délicate.

Chacun a son opinion particulière et doit la défendre quand il peut : là n'est pas l'esprit de contradiction; rien n'est si intéressant et si légitime qu'une discussion, même un peu vive, entre deux personnes d'un avis opposé. Nous n'appellerons pas non plus « esprit contredisant » celui qui fera, à l'occasion et quand sa conscience l'y pousse, une réclamation ou une observation justifiée à l'un des siens. La disposition dont nous voulons parler se manifeste quand, de parti pris, sans nécessité aucune et souvent même en dépit de ses convictions et de ses convenances personnelles, une personne affirme, soutient ou fait une chose uniquement dans le but de contrarier son entourage. L'esprit de contradiction est une faiblesse; car qu'y a-t-il de plus facile pour un esprit paresseux que de dire ou de faire juste la contre-partie de ce qu'il vient d'entendre ou de voir? Cela lui épargne la peine de trouver des idées et de prendre une résolution par lui-même; cela le pose aux yeux des gens superficiels comme un personnage indépendant, tandis qu'en réalité il est l'esclave de la manie de contradiction.

Ce détestable penchant s'insinue partout : nous le trouvons dans les discussions religieuses et politiques, à la ville et à la campagne, entre amis, entre époux, entre frères et sœurs, et il est si commode à utiliser qu'il faut une vraie force de caractère pour se soustraire à l'envie d'en faire usage.

Vous avez vos opinions religieuses ; vous êtes libre de penser et de croire ce que vous voulez et comme vous le voulez : mais pourquoi rechercher avidement toutes les occasions de discuter avec les personnes qui ont des tendances différentes des vôtres ? Vous savez parfaitement que ces discussions (qui reposent la plupart du temps sur des questions de forme) ne feront de bien ni à vous, ni à votre adversaire ; vous aurez peut-être la maligne satisfaction d'avoir trouvé un argument irrésistible ou d'avoir le dernier mot, mais votre conscience et votre âme n'en seront ni soulagées, ni fortifiées ; d'autre part vous aurez froissé, sans la convaincre une personne peut-être meilleure que vous, mais qui ne possédait pas votre habitude de la discussion.

Dans le domaine politique, il y aurait aussi bien des faits regrettables à signaler. Ne voit-on pas généralement le parti au pouvoir dédaigner et repousser de propos délibéré les propositions ou les personnes présentées par la minorité, lors même qu'il a en soi la certitude que l'acceptation de ces idées ou le choix de ces candidats seraient avantageux à la nation ? Il suffit aussi de lire de temps à autre les séances des Chambres des divers pays pour apprécier à leur juste valeur les controverses mesquines et futiles auxquelles se livrent trop souvent les représentants du peuple.

Les liens de l'amitié eux-mêmes n'empêchent pas la manifestation de ce penchant chez celui qui s'est laissé dominer par lui. — Tu sais que ton ami a certaines idées sur certains sujets et tu le blesses sciemment en préconisant juste le contraire; ton ami désirerait se promener de ce côté, tu veux aller de l'autre; il voudrait boire du vin, tu veux de la bière; et dans mille autres circonstances plus insignifiantes encore, ce misérable esprit se révèle, brisant à la longue les plus douces relations ou faisant de l'un des amis l'esclave de l'autre.

Dans le cercle restreint du foyer, que d'existences de femmes ou de maris ont été empoisonnées par cette fatale disposition ! La vie conjugale se composant de détails innombrables qui sont presque tous sous la responsabilité de la femme, elle peut contrarier son mari de parti pris et de mille manières différentes, ce qui rend bien souvent amère la vie de beaucoup de chefs de famille. Certaines femmes y mettent une diplomatie et une persévérance diaboliques ; mais nous voulons croire que ce sont là des exceptions et qu'il s'agit alors d'épouses exaspérées et aigries par diverses circonstances. En dépit de LaFontaine, nous croyons que les hommes contredisants et même quelque peu tyrans sont plus nombreux qu'on ne le croit. Les maris, même les meilleurs, aiment assez à montrer, en temps et hors de temps, qu'ils sont les chefs de la femme et ils y mettent parfois une obstination qui ferait sourire, si elle ne faisait souffrir. « Tu n'aimes pas que je fume, semblent-ils dire, je fumerai davantage encore ; tu ne me vois pas volontiers me rendre au cercle, je m'y rendrai désormais plus souvent; tu n'aimes pas que je fréquente tel ami, je le verrai plus que précédemment; cela ne te convient pas que je rentre tard le soir, je t'en ferai prendre l'habitude. » Et la pauvre femme, accablée par ces preuves évidentes de la supériorité de son mari, en vient à ne plus rien dire, à ne plus hasarder d'observations. Son mari la croit dès lors la plus heureuse des femmes.

On serait tenté de croire que ce penchant est inné chez l'homme, lorsqu'on remarque combien il est développé chez les enfants. Qui n'a vu tel bébé encore inconscient de ses actes refuser ce qu'on lui offre, et crier comme un forcené si on donne le même objet à un autre ? Le même bébé verra avec une parfaite indifférence un joujou sur une table, et ne le voudra que si un autre enfant vient à le demander. La famille n'est-elle pas le théâtre journalier de tragédies sans nombre, issues de l'esprit de contradiction? Que de contestations, que de larmes pour des choses dont en réalité pas un ne se soucierait, si un autre ne les avait pas entre les mains !

En résumé, que nos lecteurs repassent dans leur mémoire les incidents de leur vie journalière, qu'ils étudient d'un peu plus près le caractère des autres et surtout leur propre caractère, et ils seront confondus du rôle immense que joue l'esprit de contradiction dans les relations de la famille et de la société.

FAIRE COMME LES AUTRES

> D'aucuns savent conserver leur indépendance parmi les étreintes de la foule, et d'autres se forgent à eux-mêmes des chaînes dans la solitude. E. DEPRET.
>
> Ce ne sont pas les devoirs qui ôtent à un homme son indépendance, ce sont les engagements. DE BONALD.

Un penseur a dit : « Personne n'est indépendant, la vie est composée de petits esclavages. » Qui de nous n'a fait cent fois en soupirant une réflexion de ce genre, et ne s'est bien promis de secouer le joug que font peser sur nous les conventions sociales et les exigences sans nombre de la vie actuelle. On essaie une fois, deux fois, dix fois peut-être, mais ces efforts sont si pénibles et sont si rarement couronnés de succès, qu'on revient à sa chaîne comme l'esclave auquel pesait sa servitude et qui, ayant essayé de s'y soustraire, ne sait se servir de sa liberté, se sent incapable, isolé, mal compris de ceux qui l'entourent.

Nous passons notre vie à nous forger des chaînes et à nous plaindre de les porter. Toutes les classes de la société se ressentent de cet esclavage et en souffrent, mais c'est un engrenage dont il est difficile de se dégager. Du plus humble artisan jusqu'au plus grand seigneur, nous sommes tous plus ou moins forcés à certains actes ou à certaines manières de vivre qui sont en contradiction avec nos goûts, au-dessus de nos moyens ou même contraires à notre conscience. Nous sommes tous un peu des moutons de Panurge, et nous suivons aveuglément et parfois bêtement nos semblables, même dans leurs sottises. Il serait à désirer que cet instinct d'imitation que la Providence nous a si largement départi se portât sur de bons objets et se manifestât par une sainte émulation pour faire le bien. Mais c'est le plus souvent le contraire qui a lieu, et nous cherchons à nous imiter et à nous surpasser dans les choses inutiles à notre bonheur et à notre perfectionnement.

Que de lâchetés a déjà fait et fera encore commettre cette peur du « qu'en dira-t-on » et cette crainte de faire autrement que les autres. Le Livre des livres engage à ne point se conformer à ces influences. Ceux qui ont voulu s'y soustraire et vivre selon leur conscience et leurs idées personnelles l'ont payé bien cher, et le monde, qui est impitoyable pour ceux qui ne suivent pas ses lois, les a traités d'originaux, de fantasques ou d'avares. Il leur a fallu, certes, une grande force de caractère pour résister au courant ; peut-être même, redoutant toute concession, ont-ils poussé trop loin le mépris des petites convenances de la vie en commun, car si le monde et l'usage sont des tyrans, ce sont aussi d'excellents éducateurs ; ceux qui s'en séparent et semblent les mépriser auront toujours en eux une lacune. La Providence a placé en nous un besoin de relations avec les frères qui nous entourent, mais nous ne sommes nullement obligés de penser et d'agir exactement comme eux.

Il est vraiment difficile d'établir un juste milieu dans cette question. Où est la limite entre les concessions raisonnables et l'indépendance du caractère ? C'est à la conscience de chacun à répondre, car dans le domaine moral, il arrive que ce qui est un mal pour l'un peut ne pas paraître mauvais à d'autres ; tel qui considère comme très naturel et légitime, par exemple, de faire quelques concessions à la mode du jour, n'est pas condamnable pour cela, s'il sait rester dans une juste mesure. S'il est impossible, dans le siècle où nous sommes, de conserver une complète indépendance d'actions et d'allures, nous pouvons cependant, tout en nous conformant jusqu'à un certain point aux usages du jour, nous efforcer de suivre nos idées personnelles lorsqu'elles nous paraissent plus en rapport avec nos principes et nos moyens. Il est bien plus facile de suivre le courant que d'y résister, et telle personne dont l'opinion publique se raille, mériterait plutôt notre respect et notre admiration.

C'est surtout au point de vue du confort et de l'éducation modernes que nous nous sommes laissé envahir par une foule d'exigences, qui sont devenues des nécessités pour beaucoup, et qui loin de contribuer au bonheur domestique font peser sur les chefs de famille et leurs femmes une responsabilité, un travail et des frais considérables. Il est de ces exigences qui sont des progrès, mais il est permis de se demander si les résultats correspondent aux soucis et aux dépenses qu'elles occasionnent. Dans les petites villes et dans les grands villages, où tous se connaissent et s'observent, la manière d'agir de quelques-uns devient une règle pour les autres, et certaines habitudes s'imitent avec une rapidité inconcevable. Dans les grandes villes, cette tentation est moins forte; on peut y conserver, sans être remarqué, une certaine liberté dans les allures, dans la manière de vivre et même dans la toilette. Dans les villages il est sans comparaison plus difficile de vivre à sa guise sans se laisser influencer par l'exemple et l'opinion du voisin: ce besoin d'imitation est si enraciné que certains changements dans les aménagements, la coiffure ou le vêtement, hasardés par quelques-uns, et qui d'abord avaient excité la réprobation, ont été adoptés généralement après quelques semaines. On pourrait faire des observations très amusantes sur l'indignation qu'ont fait naître au premier abord certaines modes féminines réellement disgracieuses et incommodes. Que de dames ont fulminé contre les crinolines, puis contre les costumes tendus et serrés, puis contre les cheveux coupés sur le front, jurant bien que jamais, au grand jamais, elles ne se laisseraient tenter par de semblables aberrations. Au bout d'un certain temps, ces modes parurent moins ridicules; peu à peu on imita une chose, puis une autre, si bien que mainte maman, longtemps récalcitrante, s'est fait un plaisir de couper elle-même délicatement les cheveux de ses fillettes afin qu'ils retombent jusque sur les sourcils. Ce n'est point un crime assurément; plût à Dieu que cette manie d'imiter autrui ne s'exerçât qu'à propos de bagatelles de ce genre! Le malheur est que le sens moral s'émousse et se fausse à la vue de certains actes et de certaines habitudes qui se passent journellement sous les yeux, si bien qu'après les avoir formellement condamnés, on les excuse et petit à petit on en arrive à les imiter sans scrupule.

Si l'homme savait avoir une volonté à lui et des principes arrêtés sur ce qui est bien ou mal, que de folies, que de déceptions, que de ruines seraient évitées ! On ne se croirait pas obligé de vivre plus luxueusement que les moyens ne le permettent; on se résignerait à faire soi-même bien des choses qu'on fait faire à autrui, par honte de porter un panier ou de manier un outil. D'ailleurs, les conventions sur ce qu'on peut ou ne peut pas faire décemment, sont souvent si absurdes, que nous avons parfaitement le droit d'en sourire et d'agir suivant nos convenances et surtout suivant notre conscience.

MODIFICATION DU CARACTÈRE

> Nous sommes brisés pour être rendus plus souples.
>
> La souffrance est une fonction intellectuelle d'autant plus parfaite que l'intelligence est plus développée.
>
> Ch. RICHET.

Un dicton populaire dit : « A père avare, fils prodigue. » Il ne se réalise pas toujours ; comme tous les proverbes, il renferme beaucoup de justesse et comporte de nombreuses exceptions. Bien des générations chassent de race et thésaurisent de père en fils ; d'autres dissipent et gaspillent jusqu'à extinction de biens. Cependant il est très vrai que nous sommes tous plus ou moins portés à verser notre char d'un côté ou d'un autre, suivant que nous l'avons vu pencher à droite ou à gauche dans la maison paternelle, de sorte que ce proverbe pourrait s'appliquer non seulement à l'argent, mais à tous les domaines de la vie.

Il serait donc également juste de dire : A père dévot, fils irréligieux ; à père indulgent, fils austère ; à parents négligés ou malpropres, enfants élégants et prétentieux ; à mère exigeante et sermonneuse, fille légère et impertinente ; à mère minutieuse, fille négligente ; à mère habile, fille maladroite ; à mère laborieuse, fille paresseuse. Du reste, cet état de choses, quoique regrettable en quelque mesure, est presque une nécessité pour l'équilibre social et moral ; si tous suivaient la marche établie par leurs devanciers, certaines vertus ou certains vices, fortifiés par la coutume et l'hérédité, en arriveraient à un point effrayant et même dangereux.

Nos principes et nos habitudes sont invétérés si profondément en nous, que nous pouvons à peine nous faire une idée de leur puissance et de leur ténacité. Il arrive pourtant qu'ils se modifient subitement sous l'empire de certaines circonstances imprévues, ou graduellement, par l'effet d'états de choses ou de luttes prolongées contre l'inévitable. Il y aurait là pour l'observateur une riche moisson d'expériences à recueillir ; malheureusement ceci touche au domaine intime et sacré du foyer domestique, où se passent journellement des comédies ou des tragédies dignes d'intérêt et de pitié ; nulle main indiscrète ne doit en soulever le voile. Il est toutefois permis de faire des suppositions et de se demander par suite de quels courants les caractères des membres de la même famille sont parfois si différents et ont des tendances absolument opposées. Il est des tempéraments qui ont leur forme définitive dès l'enfance ; les circonstances de la vie n'ont presque aucune influence sur eux : tels ils ont été, tels ils restent ; ce sont peut-être les plus heureux. D'autres, avec un bagage d'idées toutes faites, d'opinions et de principes bien arrêtés, se trouvent soudain en face de situations imprévues qui les désarçonnent et bouleversent toutes leurs idées. C'est alors qu'on en voit un grand nombre brûler ce qu'ils avaient adoré et adorer ce qu'ils avaient brûlé. Ces revirements brusques ne sont pas rares et sont en général mal compris ; c'est assez naturel que le monde les juge peu charitablement, car leurs causes restent inconnues ; le choc violent, le froissement intime subis ne se racontent pas aisément ; tout ce qui atteint l'âme profondément y reste comme dans un sanctuaire et cela vaut mieux, dût-on être sévèrement jugé. C'est ainsi qu'un dévot devient subitement mondain ou réciproquement, qu'un homme aimable et causeur devient taciturne et silencieux, qu'une personne très scrupuleuse devient irrévérencieuse, qu'une élégante devient indifférente au luxe et à la toilette, qu'une personne vive et agitée devient calme et placide. Ces changements sont presque toujours inexplicables et paraissent fantasques, mais ils sont presque toujours intimement unis à des froissements pénibles et à des souffrances cruelles.

Ces modifications tiennent aussi à une lutte acharnée et silencieuse contre un état de choses qui nous entoure et que nous trouvons défectueux. Ici encore bien des forces vives s'usent ou se brisent pour faire place à des idées tout opposées à celles que l'on pouvait avoir.

Telle mère de famille qui était sociable et gaie, est devenue réservée, casanière à l'excès, occupée uniquement de son intérieur. N'est-ce point que son mari sort beaucoup, court ici, court là, prenant part à tout ce qui se fait, et se joignant à toutes les sociétés ? Qui peut dire par quelles luttes intérieures la pauvre femme a passé pour devenir ce qu'elle est ?

Tel père de famille, blâmé pour son indulgence excessive pour ses enfants, pourrait alléguer comme excuse le fait qu'ayant été élevé lui-même très durement, il connaît les inconvénients d'une trop grande sévérité et veut les épargner à ses enfants. Telle femme bavarde et bruyante a des enfants réservés et timides ; ils souffrent probablement, peut-être sans bien s'en rendre compte, du caractère de leur mère et en exagèrent la contre-partie. Nous faisons bien ici la part de l'esprit de contradiction qui joue évidemment son rôle dans ces changements ; aussi ne décernerons-nous pas la palme à ceux dont les événements ont modifié la manière de voir et le caractère. Mais cette transformation est digne de sympathie puisqu'elle suppose des souffrances subies. Elle est le fait d'une exaspération maladive contre laquelle le sentiment du devoir et l'esprit de bienveillance et de patience devraient mettre en garde ; mais elle est aussi une école souvent salutaire, dont les fruits sont profitables à notre développement.

LES VOYAGES

> Les voyages prouvent moins de curiosité pour les choses que l'on va voir que d'ennui de celles que l'on quitte.
>
> Alph. KARR.
>
> Les voyageurs répandent les idées : tout homme qui voyage, si peu instruit qu'il soit, porte toujours avec soi, et sans le savoir, une ou deux idées qu'il sème sur son chemin.   Saint-Marc GIRARDIN.

« Les voyages ont ceci de bon, dit Asselineau, qu'ils sont comme une parenthèse ouverte dans les ennuis de la vie ordinaire. » Ce bienfaisant effet ne se produit pas pour ceux qui voyagent toute l'année, grâce aux exigences de leur vocation; ils apprécient d'autant plus les joies paisibles du foyer dans les rares échappées pendant lesquelles ils peuvent en jouir, mais ceux qui voyagent rarement et à loisir retirent souvent le plus grand avantage d'un changement de scène et d'entourage. Les sites variés qui passent sous les yeux, la nécessité de sortir de soi-même, la rencontre de compagnons agréables, sont autant de stimulants bienfaisants pour ceux qui souffrent d'accablement moral. De nos jours, les médecins expédient très volontiers leurs patients ici ou là, sous prétexte de bains ou de cures d'air ; nous les soupçonnons fort de chercher plutôt à favoriser une diversion dans la manière de vivre du malade. Cela vaut en tout cas mieux que les longs traitements pharmaceutiques d'autrefois.

Si les changements de scène sont favorables aux malades, ils le sont aussi aux gens en santé, et nous connaissons plus d'une personne fatiguée, préoccupée en partant, que nous avons vue revenir fraîche et bien entrain, après quelques jours d'absence seulement. L'exemple vient de haut, car les souverains eux-mêmes voyagent volontiers. Leur existence ordinaire nous paraît cependant remplie de distractions et de plaisirs de tous genres ; il est vrai que nous pouvons difficilement nous faire une idée, soit des honneurs qu'une aussi haute situation comporte, soit des dégoûts et des fatigues qu'elle procure inévitablement. Les altesses royales et impériales trouvent bon de se déplacer de temps en temps ; cela les délasse et cela donne un précieux aliment aux journalistes.

Certains événements de la vie moderne, les fêtes patriotiques, les expositions internationales, par exemple, engagent les plus casaniers à sortir de leur coquille et à se mettre en route. Les uns reprennent la routine de leur vie habituelle avec un soupir de soulagement et jurent qu'on ne les y reprendra pas de sitôt à courir le monde. D'autres prennent l'humeur voyageuse, trouvant un certain charme dans la cohue des gares, dans les relations sans conséquence qu'on noue en wagon ou au restaurant, dans le brouhaha de la foule ou dans la contemplation d'objets nouveaux. Pour les unes comme pour les autres, cette sortie a été un rafraîchissement et un renouvellement ; elle a donné une impulsion nouvelle à des rouages qui s'étaient rouillés et immobilisés.

Je ne sais quel écrivain a dit que les voyages forment la jeunesse. C'est très vrai, mais c'est malheureusement un des systèmes d'éducation les plus coûteux et les plus difficiles à mettre à exécution, à moins qu'on ne possède une grande fortune, ou qu'on ne laisse les jeunes gens s'aventurer tout seuls pour entreprendre la lutte avec la vie dans les pays étrangers. Les Anglais, les Russes, les Américains, peuples intelligents et pratiques, ne négligent pas ce moyen d'éducation. Ils confient leurs fils et leurs filles à des précepteurs et à des gouvernantes, ou les accompagnent eux-mêmes et leur font visiter les pays les plus intéressants. Cette géographie expérimentale se grave mieux dans la tête que celle des livres, et permet d'acquérir des notions plus justes sur toutes choses. L'esprit s'élargit et s'assouplit à la vue de sites nouveaux et de mœurs inconnues. Les petites misères de la vie, qu'on supporte si difficilement au logis, paraissent de peu d'inportance; ce n'est certes pas un des moindres avantages des voyages que d'apprendre aux jeunes et aux vieux qu'ils ne sont point les centres de l'univers et qu'ils doivent accepter quelques inconvénients : arrivées tardives, départs précipités, bagages égarés, mauvais repas, attente dans les gares, courants d'air, sans parler de risques plus sérieux. Ces désagréments, que les plus grands personnages peuvent difficilement éviter, forment à la patience et au sang-froid. A quoi bon se mettre en colère contre certaines choses? cela ne leur fait absolument rien et cela rend ridicule. Mieux vaut accepter avec calme et même gaiment ces petits ennuis, et c'est à quoi parviennent ceux qui voyagent souvent. C'est ce qui explique pourquoi une grande dame habituée aux déplacements, supporte admirablement certains incidents désagréables qui peuvent survenir, tandis que sa femme de chambre ne peut en prendre son parti et maugrée encore longtemps après.

Nous, habitants des pays de langue française, voyageons relativement peu, même ceux d'entre nous qui, pécuniairement parlant, pourraient le faire dans toutes les conditions du confort moderne. Aussi notre ignorance à cet égard stupéfie-t-elle les étrangers qui ont l'occasion de s'en apercevoir. Pour les habitants de l'Amérique, de la Russie et même de l'Angleterre, où les distances sont assez grandes, et où un voyage de quelques centaines de lieues est considéré comme une bagatelle, notre Suisse ne paraît qu'un atome dans l'immensité; ils s'imaginent donc que tout Suisse connaît son pays sur le bout du doigt et l'a parcouru dans tous les sens. Lorsqu'ils remarquent que leurs institutrices ou précepteurs suisses ou français ne connaissent les montagnes, les cascades, les paysages de leur pays que par leur manuel de géographie, et encore! ils ne peuvent s'empêcher de manifester un étonnement peu flatteur pour ceux qui en sont la cause.

A côté de quelques pigeons voyageurs, on compte beaucoup de gens casaniers que le moindre dérangement effraie et qui sont aussi bien retenus à leur logis que la chèvre au poteau auquel elle est attachée, avec cette différence que celle-ci voudrait bien aller plus loin si elle pouvait, tandis que ceux-là le pourraient, mais ne le veulent pas.

On a, au sujet des voyages, des proverbes et des sentences très sages et très originales :

« Pierre qui roule n'amasse pas mousse. » — « Quiconque n'a rien vu, n'a rien à dire aussi. » — « Voir, c'est avoir ; et tout voir c'est tout conquérir. » — « A beau mentir, qui vient de loin. » — Qui veut voyager loin, ménage sa monture. » — « Qui langue a, à Rome va. »

La sagesse des nations exhorte donc à voyager, tout en décochant quelques traits acérés aux voyageurs. Les voyages nous paraissent favorables, presque nécessaires à l'homme, ne fût-ce que pour lui faire apprécier son chez-soi. S'il n'est pas sorti de son lieu natal, il se figure aisément qu'il existe quelque part des pays de Cocagne où tout va pour le mieux, et cette arrière-pensée le tourmente et l'aigrit. S'il a voyagé, il se convainc que, à quelques différences près, le monde est le même partout, et que les pierres sont dures sur toute la surface de l'univers.

De retour au pays (parfois « trainant l'aile et tirant le pied »), il s'accommode de tout et se plaît partout. Les voyages enseignent cette philosophie-là et une meilleure encore : c'est qu'en tous lieux et en tous temps la Providence veille sur ses enfants.

CHANGEMENTS D'OPINION

> Les uns tiennent à leur opinion parce qu'ils s'imaginent l'avoir inventée, les autres parce qu'ils se sont fatigués à l'acquérir. NIETSCHE.
>
> Il est non seulement excusable, mais utile de changer, si, par changement, on entend le progrès rationnel d'une intelligence embrassant chaque jour un horizon plus étendu, tout en conservant ce qu'il y avait de bon et de vrai dans les états qu'elle a quittés. RENAN.

On traite en général de caractères fermes ceux qui, ayant une fois embrassé une opinion, n'en démordent plus et la maintiennent haut et ferme jusqu'au bout. Ernest Renan dit que « quiconque est fidèle à son opinion, rend un service à l'espèce humaine en préservant le monde de cette légèreté, pire que la barbarie, qui le livre aux caprices de tous les vents ». Cela est vrai jusqu'à un certain point, quand les opinions en valent la peine, mais si elles sont, comme on l'a dit : « les manières de se tromper qui sont propres à chacun », elles ne méritent pas, le plus souvent, qu'on rompe une lance en leur honneur.

Il y a dans l'opiniâtreté à soutenir une chose ou une cause, à l'exclusion de toute autre, un fonds d'étroitesse et de faiblesse bien prononcé. Si j'ai tel point de vue à propos d'art ou de littérature ou simplement à propos d'ouvrages de femme ou de tenue de maison, pourquoi m'acharnerais-je à vouloir démontrer que j'ai raison et que celui ou celle qui pense différemment a tort ? Pourquoi défendrais-je à outrance une association dont je fais partie, et dénigrerais-je ceux qui n'y appartiennent pas ou ne l'approuvent pas ? Ayons toujours un coin ouvert et libre dans la tête et dans le cœur pour y donner une place aux opinions de nos semblables ; nous ne les trouverons pas toujours aussi sottes que nous le croyions ; qui sait même si nous ne les adopterons pas, quand elles nous paraîtront meilleures que les nôtres ? Souvent nos opinions reposent sur bien peu de chose et nous aurions bien de la peine à les défendre, si la discussion ne nous fournissait des arguments.

L'âge et l'expérience nous font changer d'avis et d'opinion sur bien des points ; c'est même une des conditions indispensables à notre perfectionnement moral. Aucun caractère raisonnable et élevé ne pensera à quarante-cinq ans ce qu'il pensait à vingt-cinq, ou ne verra les choses à soixante ans comme à quarante. Rien ne me vexe comme d'entendre reprocher à quelqu'un ses opinions d'autrefois, d'entendre citer d'anciennes paroles, ou de voir repêcher d'anciens articles dans des cartons vieux de vingt à trente ans, pour prouver à un adversaire qu'il n'a pas toujours pensé comme aujourd'hui. Et pourquoi l'homme public n'aurait-il pas le droit de changer d'avis aussi bien que nous autres qui, dans la vie privée et dans nos toutes petites décisions journalières, apprécions si diversement d'une année à l'autre ? Sommes-nous des girouettes pour cela ? Certainement non.

Il est vrai que certains revirements politiques et religieux sont provoqués par des motifs peu élevés. L'ambition, l'intérêt personnel, la recherche du scandale et de la controverse y jouent le principal rôle; ces changements-là sont si méprisables, que nous ne nous y arrêterons même pas. Nous mentionnons ceux qui reposent sur des sentiments et des principes différents de ceux qui nous avaient guidés jusqu'alors. Dans les existences modestes, cette modification des idées n'est point rare et se manifeste journellement par des appréciations et une manière d'agir tout opposées à celles que, en toute conscience, nous pensions bonnes ou du moins innocentes, il y a quelques années.

Trouverons-nous inconstants et versatiles les jeunes parents qui, ayant entrevu d'avance avec fierté une casquette d'étudiant sur la tête de leur fils encore bambin, se verront, quinze ans plus tard, hésitants devant une décision à prendre pour l'entrée de ce même fils dans une société de jeunes gens? Les années ont fait leur œuvre. Au lieu de l'admirable confiance de la jeunesse, ils ont acquis l'expérience qui apprend que les roses cachent des épines, que les jolies casquettes sont souvent l'occasion de rentrées tardives, de nombre immodéré de chopes de bière et d'autres inconvénients de ce genre, qui laissent la tête peu libre pour le travail et qui sont loin d'élever le niveau moral.

Et il en est de même pour toutes les circonstances de la vie. On en arrive à brûler ce qu'on avait adoré et parfois, mais plus rarement, à adorer ce qu'on avait brûlé, à moins qu'une espèce d'apathie ou de lâcheté morale ne fasse trouver plus commode de conserver ou de paraître conserver les mêmes idées sur toutes choses.

Quand un drapeau est vraiment celui de la sagesse et de la vérité, qu'on l'arbore et qu'on ne le lâche point ! Mais combien de drapeaux n'ont été que prétextes à fanatisme et à mensonge ! Ceux qui les ont tenus d'une main et d'un cœur vaillants, au péril de leur vie, n'en sont pas moins dignes d'estime, s'ils ont vraiment cru qu'ils luttaient pour le bien et le vrai. Mais s'ils ont découvert le néant de leur cause, ou même sa bassesse, et si, pris de dégoût, ils ont laissé tomber leur drapeau, ne les raillons pas, ne les accablons pas de mépris et d'injures. Une cause soutenue sans conviction et sans respect est pire que le boulet que traîne après lui le forçat. Les causes en apparence les plus nobles peuvent devenir des sujets de déceptions et de chagrins. Le service de la patrie, une profession embrassée avec enthousiasme, un art ou une science, l'amour du foyer et des enfants peuvent devenir des causes d'amertume dans certaines circonstances.

Heureux celui qui, s'étant enrôlé sous un bon drapeau, peut rester attaché à la même cause sa vie durant. Mais ces cas sont relativement rares, et sont le fait de carrières exceptionnellement unies et faciles. Les mécomptes et les désillusions ouvrent parfois violemment les yeux de ceux qui les subissent, et leur montrent la vanité de ce qui avait été jusque-là l'objet de leurs espérances et de leur vénération. Il est bien entendu que nous ne parlons ici que des causes qui touchent le monde matériel et l'activité terrestre de l'homme ; les espérances éternelles sont les seules qui, pour l'âme abattue et ravagée par les luttes de la vie, puissent être un rocher sûr et inébranlable.

L'ÉQUILIBRE DES POUVOIRS

> Combien d'époux, attelés au char de la destinée, le tirent à contre-sens, l'un à droite, l'autre à gauche. X.
>
> L'équilibre des pouvoirs, cette utopie des hommes d'État, est encore plus impraticable en ménage. E. ABOUT.

Nous voudrions pouvoir trouver un titre plus simple pour désigner la part d'autorité ou d'influence à laquelle l'homme et la femme peuvent légitimement prétendre dans le cercle restreint du foyer domestique. Chaque ménage est un royaume dont le roi et la reine sont soumis à des imperfections, peu apparentes au commencement, mais de plus en plus sensibles par la suite.

La liturgie chrétienne recommande aux époux, lors de la célébration du mariage religieux de s'aimer, de supporter ensemble les bons et les mauvais jours, mais sans mentionner de limite exacte dans les attributions de l'un et de l'autre. Entre nouveaux mariés, épris l'un de l'autre et commençant une vie absolument nouvelle, la notion de l'autorité est le cadet des soucis ; l'installation et l'arrangement du nouveau ménage joints au bonheur de s'appartenir, les absorbent assez pour que rien d'autre ne vienne les troubler. Il va de soi que la jeune femme, probablement incompétente en fait de tenue de maison, consultera son mari pour ses achats et l'organisation de son intérieur ; il va de soi aussi que le jeune chef de famille, rentrant à midi et le soir, se fera un plaisir d'associer sa compagne à ses travaux en lui racontant ses expériences de la journée, ses projets pour le lendemain, ses contrariétés et ses espérances. Et de même que lui s'intéresse aux difficultés et aux travaux de sa femme et lui donne à l'occasion un conseil et un coup de main, de même la femme, heureuse de la confiance qu'il lui témoigne en l'initiant à ses occupations, hasarde quelque observation, quelque encouragement, ou le mettra en garde contre trop de précipitation ou d'imprévoyance dans ses démarches.

Si cet état de choses pouvait durer (et nous espérons pour le bien de l'humanité qu'il dure quelquefois), ce serait là le ménage idéal; mais il arrive malheureusement que le mari, subissant des influences extérieures, ou se sentant peut-être moins nécessaire à sa femme absorbée par de jeunes enfants, s'intéresse de moins en moins aux questions d'interieur et en arrive à considérer comme offensante pour sa dignité d'homme toute ingérence, même bienveillante de sa femme dans son domaine.

C'est ici que commence le malheur et que se dénouent petit à petit, et non sans souffrance, des liens bien doux. Quand une fois l'un des époux dit à l'autre : ça, c'est ton affaire; ça, c'est mon département, l'amour conjugal est bien malade et il y a péril en la demeure. Si c'est la femme qui refuse l'ingérence de son mari dans les affaires du ménage, il y a danger qu'elle néglige ses devoirs, outrepasse son budget, ou prenne des arrangements qui seraient désagréables à son mari. Si ce dernier trouve inconvenant l'intérêt de sa femme pour les affaires de sa vocation à lui, il y a grand'chance qu'il ait la conscience mal à l'aise et qu'il pressente la désapprobation de sa femme à l'ouïe du récit de ces faits et gestes.

Il est vrai qu'il existe des hommes tatillons et méticuleux qui agacent leur femme en se mêlant des plus petits détails du ménage, comme il existe aussi des femmes déraisonnables qui voudraient prendre la haute main ostensiblement et maladroitement dans les affaires de leur mari, mais ce sont des cas exceptionnels; nous parlons ici du mariage tel que Dieu et la nature l'ont voulu pour qu'il soit un saint état ayant pour but le bonheur de l'homme et de la femme. Dans la règle, l'homme et la femme doivent se soutenir et s'encourager mutuellement en tout et partout, c'est pourquoi nous considérons la séparation des pouvoirs comme extrêmement regrettable et comme étant une source de malheur et de désorganisation pour la famille.

Pourquoi un homme serait-il ridicule en s'occupant, de concert avec sa femme, de provisions à faire, d'habits d'enfants à acheter, de vin et de bois à procurer, et d'autres questions plus minimes? En quoi sa dignité serait-elle compromise si, lors d'une maladie ou d'une de ces éventualités pénibles qui se présentent dans toutes les familles, il se voyait forcé de donner des ordres aux domestiques ou même de porter de l'eau ou du bois, de soigner un bébé, de compter le linge à laver, ou de surveiller le pot au feu? Des hommes intelligents et haut placés ont dû se soumettre à de telles alternatives et l'ont fait de bonne grâce, parce que c'était leur devoir, et ils n'ont aucunement démérité de l'estime publique. Du reste, peu leur importe ce que le monde en a pensé.

La collaboration, forcée ou volontaire, de l'homme avec la femme, produit les plus heureux effets dans toutes les classes de la société. La Providence a dirigé les choses de manière que, dans presque toute vocation masculine, on puisse faire la part de la femme. Le vigneron et le cultivateur trouvent en elle un excellent ouvrier dans la plupart de leurs travaux. L'horloger, le cordonnier et tant d'autres artisans laissent une partie de leur besogne à ses mains adroites et déliées. Le négociant, le banquier, le boucher lui confient leur caisse et leurs livres, et c'est un caissier qui ne file pas!

Dans les vocations dites libérales, elle est souvent un auxiliaire précieux et infatigable : elle manipule avec soin et légèreté les ingrédients pharmaceutiques quand son mari veut bien l'initier à cette besogne; au médecin, elle rappelle les malades qu'il a à voir, fait avec lui le détail de sa journée, relève la liste de ses visites et le plus souvent fait les notes pour les clients. L'homme de bureau qui associe sa femme à son travail pourra sans scrupule faire une absence, même assez longue, sans laisser ses affaires en souffrance, et sans recourir à des aides du dehors qui sont toujours plus ou moins sujets à caution.

Que si, par suite d'incompatibilité de caractère, de différence d'éducation, de notion différente du devoir, ou simplement d'opiniâtreté, l'homme et la femme ne parviennent pas à s'entendre sur certains points de leur tâche, alors mieux vaut une délimitation absolue de leurs attributions relatives que des récriminations et des discussions incessantes. Mais c'est là une situation équivoque, malheureuse et injuste; car il n'est pas normal et moral que la femme soit absolument confinée dans ses devoirs d'intérieur et n'ait aucune connaissance des agissements du mari; et il n'est ni désirable ni avantageux pour l'homme de n'avoir un foyer que pour y venir, comme à l'hôtel, manger et dormir; du reste, les hommes qui consultent leur femme pour les choses de leur vocation en bénéficient presque toujours.

N'avez-vous pas souvent remarqué que, si nous suivons des yeux, à distance, la marche d'un jeu comme les échecs, la marelle, etc., nous sommes toujours tentés de donner des conseils aux joueurs; ils nous paraissent obtus de ne pas voir immédiatement la tactique de l'adversaire et de ne pas y parer de suite; la même chose nous arrive pourtant quand nous jouons nous-même; nous sommes trop rapprochés du jeu pour suivre les manœuvres avec la même intelligence que le spectateur qui embrasse de loin et de haut le champ de bataille et calcule de sang froid les chances de gain et de perte. C'est ce qui explique pourquoi les conseils d'une personne, non directement engagée dans une partie, sont en général excellents et dignes d'être suivis.

Cette comparaison pourrait s'appliquer aux champs d'activité respectifs de l'homme et de la femme. Cette dernière a son ménage et son intérieur qui l'absorbent de si près que souvent elle perd de vue l'ensemble et se complique la tâche inconsciemment. Si le mari est consulté ou s'intéresse de lui-même à son foyer, il pourra suggérer à sa femme mainte idée excellente et judicieuse, qu'elle sera heureuse de suivre et qui sera avantageuse pour le bonheur et les intérêts de tous. Il en est de même de la femme qui, engagée indirectement dans la profession de son mari, apporte dans des conjonctures difficiles une sûreté de coup d'œil et un bon sens étonnant, tandis que le mari toujours absorbé dans les mêmes préoccupations et les mêmes soucis, ne sait plus à quel saint se vouer.

A proprement parler, l'équilibre des pouvoirs est aussi impraticable dans le mariage que dans la politique. Sans être portée vers la sentimentalité, nous voudrions que chaque ménage se procurât cet équilibre indispensable par l'estime et par l'amour mutuels. S'il venait à se rompre par suite de malentendus, de fausse dignité ou de différence d'appréciation, que les époux se hâtent de le rétablir en cédant chacun de son côté, ce qui est juste et raisonnable et même davantage, car aucune concession n'est aussi pénible relativement, que cet état douloureux, presque insupportable de deux personnes unies pour la vie, et dont le cœur, les goûts, les intérêts et les affections sont portés dans des directions différentes.

LA FAMILLE & L'ARGENT

> Il est peu de relations intimes qui résistent aux questions d'argent. ROZAN.
>
> Ce sont les gains légers qui rendent la bourse pesante ; car les petits gains reviennent souvent, au lieu que les grands arrivent rarement. BACON.

Ce sujet aura pour tous nos lecteurs un très réel attrait, et nous sommes presque assurés que beaucoup, si ce n'est tous, nous liront jusqu'au bout. Bien des raisons nous engagent à croire cela. Tout d'abord le fait est que :

L'argent est un ressort qui fait agir les hommes.
Il augmente sa force, en augmentant ses sommes ;
Il commande à l'État, il gouverne les rois.
Chacun doit se soumettre aux rigueurs de ses lois.

L'argent est en outre une puissance, une espèce de souverain devant lequel de nombreux courtisans s'inclinent, et qui n'a jamais eu d'ennemis. C'est un dieu que tout le monde adore, même ceux qui ont la prétention de pouvoir se passer de religion, et qui, comme on l'a dit, oblige chacun, même les plus affranchis de son empire, à lui rendre hommage comme au plus puissant instrument terrestre, soit pour le bien, soit pour le mal.

Qu'il faille simplement vivre ou que les circonstances obligent à faire prospérer un travail, une œuvre, une entreprise, l'argent sera toujours la première question à poser, à régler, la première force à laquelle il faudra bon gré, mal gré, recourir. Nous aurons beau faire, même dans le cercle étroit de notre ménage, dans les relations quotidiennes, dans les décisions journalières, dans les moindres détails de l'existence, il faudra toujours parler d'argent. L'argent s'impose et nous sommes contraints de reconnaître qu'il a la plus large influence dans le malheur ou le bonheur du foyer domestique. Ce n'est pas la maison, mais c'est son fondement; ce n'est pas le poêle, mais c'est ce qui le chauffe; il n'est pas nécessaire pour rendre heureux, il est absolument indispensable pour n'être pas malheureux. D'autre part, l'argent n'est pas seulement quelque chose, il est quelqu'un; quelqu'un qui manifeste des préférences et des antipathies, quelqu'un qui s'en va volontiers se loger dans certaines bourses, et qui en fuit non moins volontiers d'autres. En cela, il agit vraiment comme un dieu.

Dès lors, le sujet que nous traitons sera toujours actuel, et ne laissera personne indifférent. Mais on a déjà tant écrit sur cette question, on a dit et redit tant de choses sur la manière de gagner l'argent et sur la façon de le dépenser sagement, que tout cela en est devenu banal. On a même écrit des romans pour montrer que son pouvoir fait le bien et le mal, et il est impossible d'ajouter là-dessus aucune idée nouvelle. Aussi bien, n'est-ce pas de ce côté que nous désirons conduire nos lecteurs, nous voulons restreindre nos réflexions à ce titre : *l'argent et la famille*.

L'observation et l'expérience nous ont

appris qu'il doit y avoir autant de manières d'organiser les recettes et les dépenses d'argent qu'il y a de ménages dans ce monde. Les circonstances varient à l'infini, en voici quelques-unes.

Y a-t-il des époux, jeunes cela s'entend, qui, à la veille de leur union, dressent un contrat sur la façon dont la bourse sera gouvernée ? c'est douteux, cela paraît impossible. Les fiancés ont eu bien d'autres choses à se dire, et les époux du lendemain sont loin de discuter finances. Le mariage et les réjouissances qui l'accompagnent n'ont de charmes, que si toutes les préoccupations de la vie matérielle sont mises de côté, et si jeune mari et jeune femme n'ont d'autre pensée que celle de se posséder, de vivre l'un pour l'autre, l'un avec l'autre. S'il est vrai que le mariage est un dîner qui commence par le dessert, le dîner ne sera savoureux qu'à la condition de ne pas y mêler sans cesse la question de son coût. Pendant cette période où l'amour remplit le cœur, où les époux ne vivent que d'espoirs, où ils ne songent qu'au bonheur de commencer ensemble une existence nouvelle, il est naturel que les préoccupations du gain et celles de l'organisation financière ne se présentent pas à leur esprit. Ils savent tous deux qu'il y aura du pain et cela leur suffit.

Mais s'il est vrai, comme le dit Taine : qu'on s'aime trois mois, qu'on se dispute trois ans et qu'on se tolère trente ans, la situation doit se modifier singulièrement quand, revenus à la réalité, les époux comprennent qu'il est nécessaire d'organiser la communauté. Que se passe-t-il à ce moment ?

Nous ne pouvons parler bien savamment des foyers composés d'époux qui ont le privilège, si privilège il y a, de commencer la vie avec une fortune acquise par héritage, c'est-à-dire avec un bon magot qui les dispense de bien des soucis utiles et de bien des épreuves favorables au développement du caractère. Qui tiendra la caisse ? Qui mettra à jour la comptabilité ? Si les deux époux ont une fortune personnelle, chacun sans doute se procurera avec son argent ce qui est nécessaire. Mais il y a le ménage ! Dans laquelle des deux bourses puisera-t-on les sommes nécessaires à couvrir les dépenses générales ? Il faut s'entendre, et cette entente, renvoyée dans la plupart des cas à la fin de la lune de miel, a provoqué des troubles, des querelles qui ont souvent menacé le bonheur conjugal, quand elles ne l'ont pas détruit sans retour.

Nous avons rencontré sur notre chemin deux cas assez fréquents d'organisation financière dans les ménages.

Le département des finances incombe habituellement au plus adroit des deux époux, et, dans la plupart des cas, ce rôle revient à la femme, plus habile en général. Nous avons connu des hommes intelligents, travailleurs, doués d'un esprit d'ordre et de prudence, qui dans cette question avaient tout abandonné au bon plaisir de leur femme. Ils en sont venus au point d'ignorer ce que coûte le ménage, et de faire si peu de cas de l'argent, que, sans la prévoyance de leur épouse, il leur serait fréquemment arrivé de se trouver à la gare ou dans un magasin sans un sou en poche. Cela est fort bien quand le mari est un homme sérieux qui, trouvant dans son logis tous les agréments désirables, ne fait aucune dépense au dehors, et quand la femme modeste et travailleuse a vraiment à cœur le bien de son foyer. Mais si ce n'est pas le cas, la déroute commence bien vite et les dépenses de tout genre, de la femme ou du mari, épuisent rapidement les ressources. L'histoire de la famille offre tous les jours des exemples fâcheux de cette anarchie.

On trouve aussi juste l'opposé. Le mari acquiert dès le début une autorité absolue. Tous les centimes gagnés par l'un ou l'autre des époux entrent dans sa bourse ; c'est lui qui gère la fortune, qui procède aux achats, paie les notes, règle tout ce qui est finance. Souvent il déploie dans ce domaine une telle raideur, que les enfants redoutent la moindre demande, et que la femme elle-même recule jusqu'à la dernière heure l'obligation dans laquelle elle se trouve de faire appel à la bourse de son mari. Il y a de ces cas dans lesquels les femmes sont admirables d'adresse ; elles réussissent à se procurer des objets de première nécessité sans troubler l'ordre, et font si bien les choses, que le mari n'y fait point attention ou du moins feint de ne pas le remarquer. Il y aurait sous ce rapport des comédies piquantes à reproduire, des scènes amusantes à représenter.

Ces deux procédés nous paraissent offrir des inconvénients graves sur lesquels nous ne voulons pas insister. Nous voulons nous borner à affirmer que les ménages les plus heureux, matériellement parlant, sont ceux dans lesquels les époux ayant apporté leur quote-part dans l'installation de la demeure conjugale, consacrent à la prospérité du foyer tout ce qu'ils ont de force, de santé, de cœur, de vie. Ils calculent ensemble leurs recettes, sont d'accord pour les dépenses et les économies possibles et travaillent ainsi avec un zèle méritoire à vivre confortablement, tout en prévoyant les temps difficiles, et en cherchant à acquérir cette indépendance de leur foyer, qui est l'un des plus beaux titres de gloire qu'une famille puisse posséder.

Nous avons d'ailleurs un autre but en traitant ce sujet, c'est de montrer que l'éducation a un grand rôle à jouer en ce qui concerne l'usage de l'argent. Si le bonheur et le malheur du foyer domestique ont souvent pour cause la façon dont les époux ont appris à considérer l'argent, il est donc nécessaire d'enseigner de bonne heure à l'enfant l'usage de ce métal si indispensable, et de le prévenir des dangers auxquels il expose celui qui ne sait pas s'en servir, ainsi que des bienfaits qu'il procure à ceux qui ont appris à en faire un sage emploi.

L'argent est ainsi une cause fréquente de trouble dans le foyer domestique. Tous les ménages, même ceux qui sont les plus unis, ceux-là même qui vivent dans une certaine aisance, passent à divers moments par une phase critique, dont l'argent est toujours directement le point de départ. S'il était possible de faire une enquête sur la tenue du livre de caisse dans les familles, on découvrirait des choses bien surprenantes. Il est certain que les époux qui font un calcul exact des recettes et des dépenses, qui inscrivent tout ce que leur travail leur rapporte et tout ce que leur entretien leur coûte, sont certainement en très petit nombre.

La plupart des ménages savent de mémoire toutes les dettes qu'ils ont à payer, mais ne songent jamais à balancer leurs comptes et ne soupçonnent même pas la distance qui sépare l'actif du passif. A mesure que l'argent entre dans la bourse, on paie les notes les plus arriérées, en s'empressant en même temps d'en faire de nouvelles et de plus importantes encore. On n'économise rien, on n'a jamais su réserver, alors que cela était possible, une part de l'excédant du gain, et, année après année, on s'est embourbé dans les dettes au point de n'en plus sortir.

Il est certain que régler sa dépense sur ses ressources constitue une habitude qui est l'essence même de l'honnêteté, car, enfin, si on ne s'arrange pas à vivre honnêtement du fruit de son travail, il faut obligatoirement vivre déshonnêtement du fruit du travail des autres. Le proverbe bien connu qui dit qu'un *sac vide ne peut se tenir debout*, ne signifie pas autre chose que ceci, c'est qu'une famille endettée ne peut plus se relever.

D'ailleurs, qui ne le sait ? les dettes démoralisent, elles développent tous les vices et surtout le mensonge. « Le premier pas dans les dettes, dit un moraliste, est comme le premier pas dans le mensonge, il entraîne presque invariablement la nécessité de continuer, chaque dette étant suivie d'une dette nouvelle, comme chaque mensonge d'un mensonge nouveau. » Un peintre connu racontait que sa décadence datait du jour où pour la première fois il avait emprunté de l'argent. Il avait fait la dure expérience de la vérité du proverbe : *qui dette a, peine a*, et l'on découvrit dans son journal l'observation suivante : « Ici commencent les dettes et les engagements dont jamais de ma vie je n'ai pu et ne pourrai me débarrasser. »

Si l'on pouvait exactement se rendre compte de la situation des familles au point de vue financier, on verrait que, dans la plupart des cas, les souffrances, la pauvreté, le mécontentement, les penchants et les vices que l'on y rencontre, proviennent d'un emploi inintelligent de l'argent. Régler ses dépenses d'après ses ressources est une vertu qui s'acquiert, mais que peu de ménages possèdent ou cherchent à acquérir, cela ne serait pas bien long à prouver. Nous affirmerons même que le nombre des malheureux de cette catégorie est plus considérable aujourd'hui qu'autrefois. Il y a moins de gens prudents, moins de personnes qui savent mettre en pratique le conseil : *suivant ta bourse, gouverne ta bouche.*

Disons d'ailleurs qu'il n'a jamais fallu autant d'argent qu'à notre époque pour pourvoir aux simples nécessités de la vie. Non seulement, l'argent a perdu une grande partie de sa valeur, mais on s'est habitué à dépenser des sommes tellement considérables, que peu à peu les esprits se sont mis à compter en grand, à estimer en grand et à considérer d'un œil de pitié tout ce qui est médiocre et modeste. On fait fi des petits gains et des petits profits. On ne sait pas économiser judicieusement, et on en vient à considérer comme avare l'homme qui ne jette pas l'argent par les fenêtres.

Nous nous rappelons toujours avec plaisir les récits des personnes chargées de faire des collectes à domicile pour telle ou telle bonne œuvre. On sait que les œuvres qui pour subsister doivent avoir recours aux collectes à domicile sont devenues légion.

Il faut dire franchement qu'il y en a trop, et que les plaintes que l'on entend ici et là sont parfaitement fondées. Mais, dans ces tournées, les occasions de faire de curieuses expériences ne font pas défaut. En voici une entre plusieurs :

Deux personnes frappent à la porte d'un gros propriétaire, qui a la réputation dans le village d'un avare impénitent. Il donne bien de temps à autre, mais il refuse souvent. Cependant il a parfois de généreux mouvements. Nos deux collecteurs pénètrent non sans inquiétude chez le financier en question, et, à peine dans le vestibule de la maison, ils entendent une dispute des moins rassurantes. Il s'agit de bois brûlé inutilement par la servante, laquelle reçoit à cet effet une réprimande des plus sévères. « Nous serons bien accueillis, dit l'un des collecteurs à son compagnon, gare ! quelle réception ! Entrons-nous, oui ou non ?... » Après quelques hésitations et supposant que l'orage a passé, ils se décident à paraître devant le terrible Harpagon, prêts à recevoir une seconde édition de la tempête qui vient d'ébranler la maison. Mais quelle n'est pas leur surprise, quand, après avoir exposé le motif de leur visite, ils voient le visage de leur homme s'éclairer d'un sourire et qu'ils entendent sortir de sa bouche ces paroles : « Messieurs ! votre œuvre m'intéresse fort et je suis charmé que vous ayez pensé à moi, voici 500 francs pour ma part. » L'un des collecteurs eut une telle expression d'étonnement, que le donateur voulut en avoir l'explication. Interpellé directement, le collecteur raconta qu'il avait entendu, au moment d'entrer, la scène à propos du bois et que cette scène avait failli leur faire rebrousser chemin. « Messieurs, répondit le soi-disant avare, c'est grâce aux économies raisonnables que je fais dans mon ménage, qu'il m'est possible de répondre favorablement aux appels que m'adressent les œuvres que je considère comme utiles. »

Savoir économiser raisonnablement, savoir se dispenser du superflu, de l'inutile, est une vertu que l'on devrait rencontrer dans tous les foyers. L'économie n'est d'ailleurs pas autre chose que l'esprit d'ordre appliqué à l'administration des affaires domestiques, c'est-à-dire de l'honnêteté, du savoir-faire, de la conduite, de la prudence. L'esprit d'économie, comme on l'a dit, est une vertu non seulement sociale, mais chrétienne. Cette vertu a été formulée par le Maître dans ces mots : « Ramassez les morceaux qui sont restés, afin que rien ne se perde. » Il ne dédaignait pas les petits détails de la vie, et, c'est dans le moment même où il dévoilait sa puissance et donnait à profusion du pain à la foule, qu'il recommandait à tous la leçon féconde d'une sage économie.

Être économe, c'est être fort, c'est faire preuve de raison, c'est savoir se refuser des satisfactions, dompter ses goûts, diriger sa nature, commander à ses instincts en vue de s'assurer un plus grand bien futur. L'économie n'est pas seulement une vertu dont les conséquences se font sentir sur le caractère de l'individu ou pour le bonheur du foyer domestique, mais elle est une vertu qui procure le bien-être social. Elle prédispose les hommes à être des amis de l'ordre; elle serait certainement un des moyens d'apaiser le mécontentement, car elle procure l'indépendance. L'indépendance du foyer domestique n'est réelle, qu'autant que les époux peuvent aller et venir dans le monde sans avoir à redouter la rencontre de créanciers mécontents, sans être obligés de recourir à la bourse d'autrui. Nous nous rappelons aujourd'hui combien est vraie la parole d'un instituteur expérimenté à ses collègues et à ses élèves : « Soyez indépendants de la bourse du prochain » répétait-il souvent « c'est le seul moyen d'être heureux ». C'est ce qu'il faut apprendre à nos enfants, et, dans ce but, on ne saurait trop leur enseigner la valeur de l'argent par toutes les occasions que la vie intérieure du foyer met à notre disposition.

La manière de considérer l'argent dans les ménages est presque toujours le résultat de l'éducation ; des époux seront prévoyants ou imprévoyants, suivant la façon dont on s'y sera pris avec eux quand ils étaient enfants, pour leur apprendre à manier leurs centimes.

Puisque l'argent est une des réalités avec lesquelles nos enfants seront appelés à vivre, il faut viser sur ce point à deux buts : Apprendre aux enfants à gagner l'argent et leur enseigner à en faire un utile emploi.

La poursuite du premier de ces buts : apprendre à gagner de l'argent, est un devoir qui rentre dans toute éducation sérieuse. Tous les pères et mères soucieux de l'avenir de leurs enfants estimeront qu'il rentre dans leur mission de ne pas laisser ignorer à leurs descendants l'importance de l'argent et la nécessité d'en gagner et d'en gagner le plus possible, par des moyens honnêtes, cela s'entend. C'est une grave faute, une faute malheureusement trop commune, que de jeter des êtres dans la vie sans les avoir préparés à pourvoir largement, par un travail consciencieux, à leur entretien.

On rencontre bon nombre de parents qui ne sont préoccupés que d'une chose, à savoir de fournir à leurs héritiers directs une fortune quelconque. Il y a là une preuve d'amour paternel très louable. Ils désirent épargner à ces enfants qu'ils ont mis au monde, les tracas et les soucis d'une vie de labeur excessif ; ils voudraient leur éviter la recherche trop ardente, la lutte trop vive pour le pain quotidien. Cela paraît sage et généreux, mais en définitive cela est fâcheux, voire même dangereux, l'expérience le prouve. Les vies les plus utiles, les hommes les plus énergiques, les travailleurs les plus dignes sont sortis des difficultés et des souffrances engendrées par la nécessité, et beaucoup de jeunes gens à héritage n'ont donné que des êtres inutiles à la société. L'homme qui entre dans la carrière de la vie pratique avec la bourse garnie d'un argent tout trouvé se figure aisément qu'il peut se tranquilliser, et que le travail est pour lui, non un devoir, mais un passe-temps, une distraction. Tout le monde connaît des enfants qui se sont chargés en peu de temps de liquider tout l'héritage paternel, et qui, après cela, manquant d'énergie, dégoûtés de toutes les occupations, se sont empressés de recourir sans vergogne à la charité publique. Ce n'est pas uniquement un magot qu'il faut se préoccuper de laisser à ses enfants, mais l'exemple d'un labeur consciencieux et d'une vie honnête, l'amour du travail et le savoir-faire, pour qu'ils puissent à leur tour vivre en gens heureux et libres.

Nous ne parlons pas ici des fortunes de famille qui se transmettent de père en fils.

Dans ce cas, il va de soi que nous ne conseillons pas de liquider l'avoir, sous prétexte que les fils et les filles se tireront d'affaire et devront faire l'apprentissage d'une existence laborieuse. Des parents placés dans cette situation comprendront que leurs efforts doivent tendre à communiquer à leurs enfants le respect du patrimoine. Tâche difficile aussi, que le grand nombre des pères riches accomplissent avec plus ou moins de succès. Nous voulons surtout parler ici de l'obligation qu'une éducation normale impose aux parents de faire de leurs après-venants des hommes et des femmes sachant gagner de l'argent, et en gagner assez. Or, nous disons qu'on ne saurait s'y prendre trop tôt, car l'argent est une de ces choses dont l'être humain apprend à connaître de bonne heure le prix. Il y a bien peu d'enfants, nous croyons même qu'il n'y en a pas, qui ne sachent tout ce que l'on peut faire de l'argent, tous les agréments que l'on peut se procurer par son moyen, tous les plaisirs et tous les avantages dont il permet de jouir à celui qui le possède.

Il importe donc de diriger l'attention des

enfants sur ce point, de façon à ce qu'ils estiment à sa juste valeur ce métal et se disent clairement que gagner de l'argent est un devoir. Cette idée effarouchera peut-être quelques lecteurs, qui trouveront que nous oublions les principes moraux élémentaires et que notre recommandation risque fort de mettre dans le cœur de la jeunesse l'amour des richesses, racine de toutes sortes de maux. L'idée de gagner de l'argent n'est nullement immorale, c'est la condition de la vie, et il est nécessaire que nos enfants la possèdent, les en priver serait leur rendre un mauvais service. Entre ce principe de gagner de l'argent et l'amour des richesses, il y a un abime, et nous pensons que les recommandations scripturaires sur le travail et sur les soins que nous devons à notre famille ne signifient pas autre chose que ceci : « Travaillez de façon à pourvoir le mieux possible à votre subsistance et à celle de votre famille. »

Il y a d'ailleurs dans le seul effort d'arriver à se faire une position au sein de la société une certaine dignité, qui tend à rendre l'homme plus fort et meilleur. C'est le moyen d'acquérir cette indépendance qui est un privilège, et dont nous avons parlé plus haut.

A-t-il rempli sa mission, le père qui laisse après lui, par sa faute, des enfants dont la vie n'est qu'une suite ininterrompue de difficultés et de tracas ? Que faut-il penser des parents qui n'ont pas songé à mettre leur postérité en état de pourvoir par un travail honnête et une conduite sérieuse à leur entretien ? La situation d'un homme pour qui le besoin est une perpétuelle souffrance, qui descend les années sans réussir à sortir du bourbier de la misère, est une condition pire que l'esclavage. Il ne peut avoir aucune initiative, il ne peut exercer aucune influence, il est forcé par le besoin de devenir rampant, il n'oserait lever la tête et risque à tout instant de tomber sous la domination de quelqu'un. L'homme qui doit avoir recours à la charité de qui que ce soit, ne peut être son propre maître.

Comment apprendrons-nous donc à nos enfants à gagner de l'argent ? En leur représentant, dès l'âge où ils savent ce que c'est que cinq centimes, comment cela s'accumule lentement et combien la plus petite somme suppose de labeur; en leur donnant une certaine responsabilité au sujet de l'argent qu'ils peuvent recevoir; en leur enseignant que le travail est un devoir, et que tout ce qu'ils apprennent dans leur jeune âge n'a d'autre but que de les préparer à vivre honorablement; en leur racontant avec force éloges les biographies des hommes qui ont voulu arriver, qui ont acquis l'aisance par des travaux persévérants et consciencieux, et qui ont laissé le souvenir précieux de l'énergie et du courage, de l'honnêteté et de la foi. Puis, en leur indiquant par notre propre exemple ce que leur nourriture, leurs vêtements, leur entretien en général, exige d'heures de préoccupations et de courageux efforts; en leur rappelant souvent qu'un jour ils devront pourvoir eux-mêmes à tout cela, et qu'on ne saurait par conséquent profiter assez de cette période de préparation à la vie pratique, de cet apprentissage obligatoire, qui passe toujours trop vite et qu'on ne recommence jamais; en profitant de tous les exemples qu'offrent les incidents du foyer, les événements de la vie sociale, pour les mettre en contact avec la vie qui sera la leur un jour ; en les invitant à joindre leurs petits efforts à ceux de tous les membres de la famille pour empêcher les dépenses superflues ; en les engageant à soigner tout ce qu'on leur procure, enfin en éveillant en eux des qualités précieuses : l'amour du travail, l'horreur de l'oisiveté, l'intérêt du foyer. Par ces moyens, nous les amènerons à la réalisation de cette recommandation biblique : « Nous vous exhortons de travailler et de manger en paix un pain qui vous appartienne. »

Mais tout cela n'est qu'un côté de la question ; il serait insuffisant, il serait même dangereux d'en rester là, car l'éducation de l'enfant serait incomplète. Au devoir d'apprendre à l'enfant à gagner de l'argent, doit s'ajouter celui de lui enseigner à en faire un judicieux emploi.

Nous contredira-t-on, si nous déclarons que c'est dans la famille encore que l'enfant prend les habitudes les plus funestes quant à la manière de se servir de ses centimes ?

Dès l'âge le plus tendre, l'enfant montre du goût pour l'argent, et il est d'usage de se servir de ce penchant pour obtenir des progrès dans la conduite et dans le travail. Un bon témoignage à l'école, une faute évitée, un service rendu, l'extraction d'une dent, un remède difficile à prendre vaut *tant* dans l'esprit de l'enfant, parce qu'on l'a accoutumé à recevoir quelques centimes dans toutes ces occasions-là. Si l'action des parents en reste là, les conséquences les plus graves en peuvent résulter, attendu qu'il arrive assez souvent au papa ou à la maman de donner la somme en ajoutant : « Tiens, chéri, voilà pour toi, fais-en ce que tu voudras ! » On abandonne ainsi complètement le contrôle de l'emploi de l'argent donné. L'enfant aime les friandises ; il en reçoit des parrains et marraines, des tantes et des oncles, le jour de sa fête et dans les grandes circonstances. A chaque retour d'une absence d'un jour ou deux, le père ou la mère rentrent les poches garnies de bonbons. S'ils ont oublié l'achat sur lequel l'enfant comptait, on le remplacera par des centimes en disant : « Voilà pour acheter du chocolat ! » L'enfant s'habitue ainsi à satisfaire sa gourmandise, et finit par croire que l'argent n'a pas d'autre emploi que de fournir ce qui se mange. Il se figure, en outre, deux choses qui sont très souvent inexactes : que l'argent se gagne facilement, puisque les parents lui en donnent si volontiers et, d'autre part, qu'on peut l'employer pour satisfaire toutes les fantaisies qui passent par la tête, puisque les parents cèdent si légèrement à tous ses caprices.

Que faire pour prévenir ces opinions dangereuses ?

Il importe tout d'abord de développer chez l'enfant cette idée que l'argent qu'on lui remet a une valeur dont il doit tenir compte, et que cette possession crée pour lui une responsabilité. Récompensons, si nous croyons que cela est bien, le travail et la sagesse de nos enfants par le don de quelques centimes, mais évitons de leur suggérer que cet argent a pour but d'acheter des pastilles ou du chocolat. Apprenons-leur à mettre de côté, pour les retrouver dans des occasions importantes, les petites sommes qu'ils reçoivent. Montrons-leur l'effet des sommes additionnées, prouvons-leur que les petits ruisseaux font les grandes rivières, et que cet argent qu'ils ont gagné par leurs vertus peut être le commencement d'une petite fortune. Ce sera, par la même occasion, leur enseigner d'une façon vivante comment on se prépare à prévenir les mauvais jours.

J'ai quatre enfants, qui tous les quatre ont un caractère différent ; mais j'ai toujours été frappé de voir avec quelle joie ils viennent m'annoncer le total du contenu de leur bourse commune. De temps à autre, on diminue la caissette en les invitant à désigner l'emploi de la somme, et il est curieux de voir la variété d'opinions qui se produit alors. Ce qu'il y a de certain, c'est que, parmi les dépenses proposées, il y en a qui ne leur étaient pas naturelles au début et qui ne leur seraient jamais venues à l'esprit, si nous ne nous en étions pas mêlés. L'idée première de l'enfant est de dépenser son argent, c'est pour lui une jouissance profonde ; mais il ne songe qu'à lui, à ses goûts, à son estomac, et n'a pas l'idée d'en placer une partie à la caisse d'épargne, encore moins de vider l'autre dans la main d'un malheureux. C'est le moment psychologique pour ouvrir l'horizon de l'enfant, pour lui dire qu'il n'est pas seul sur cette terre, et que, s'il ne lui manque rien, d'autres enfants moins privilégiés souffrent et manquent de pain. On lui rappellera aussi que, d'un jour à l'autre, lui ou ses parents peuvent être plongés dans l'inquiétude, la misère ou la maladie, et que la prévoyance est obligatoire pour parer aux inconvénients produits par les événements imprévus. C'est un but que toute éducation saine doit poursuivre, à savoir d'enseigner aux enfants l'épargne qui engendre l'aisance et la bienfaisance.

La vie du foyer offre mille moyens d'enseigner l'épargne. Il en est un qui se présente souvent, et qui a le double privilège d'apprendre à être prudent et économe. Nous avons souvent vu des pères ou mères rouer de coups leurs enfants pour un plat ou un pot cassé, pour un litre renversé ou pour un vêtement déchiré. L'enfant se guérit peut-être à ce régime, il veille sur lui par crainte des coups, mais ne soupçonne que rarement le but des parents qui le flagellent. D'autres parents plus intelligents, me semble-t-il, et qui ont pour principe d'éduquer sans frapper, ont un moyen tout simple d'ouvrir, sous ce rapport, l'intelligence de leurs enfants, c'est de leur rappeler que celui qui casse les verres les paie, c'est de faire appel à leurs épargnes toutes les fois que les malheurs ont eu pour cause leur étourderie ou leur paresse.

L'une de mes fillettes a reçu d'un généreux parrain un petit service de table, une *dinette* superbe. A la fin d'une après-midi pendant laquelle on avait fait usage des beaux ustensiles, l'aînée prend maladroitement tout le matériel et fait si bien, que la grande boite va rouler sur le fond cimenté de la cuisine. Grand émoi : les larmes éclatent chez la cadette, mais la grande, qui a déjà perdu le goût des joujoux, reste impassible et n'a pas l'air d'être troublée. L'intervention du papa disant sans colère à l'aînée : « Tu répareras le mal avec ton argent, » et l'annonce d'un voyage à la caisse d'épargne pour retirer du carnet des petites économies la valeur des ustensiles, ont eu plus de succès que toutes les punitions corporelles possibles. — C'est là un moyen, entre beaucoup, d'apprendre à l'enfant le respect de ce qui ne lui appartient pas, la valeur de l'argent, le prix des choses et l'obligation de prévoir les événements difficiles.

Mais quelqu'un a dit que, si l'argent est plat pour qu'on l'empile, il est aussi rond pour qu'on le dépense. Il serait insuffisant d'éveiller l'attention de l'enfant à propos de l'épargne, on risquerait fort de le pousser à l'avarice, si l'on n'ajoutait à cet enseignement celui de la dépense sagement réglée.

Pour cela il est facile de faire naître dans le cœur des enfants la joie que procure une bonne action, un acte de générosité La vie du foyer ne manque pas d'occasions de donner simplement et joyeusement. Associons-les à nos dons, invitons-les à en fournir leur petite part. Inspirons-leur le respect des dons modestes. Enlevons de leur idée que ce sont les riches seuls qui doivent donner. Parlons avec mépris des aumônes du pharisien qui fait sonner la trompette devant lui. Exaltons le cœur généreux qui, sous le voile de l'anonyme, fait de grandes largesses ; en un mot, poussons-les à bien donner, à bien dépenser, à bien employer leur propre argent. Tout cela laissera en eux des impressions qui dureront la vie entière, et qui auront pour effet de les préserver de bien des ennuis. Le but à atteindre se trouve dans une juste considération de l'argent. Si l'on n'est pas prudent, on risque fort de faire pencher le cœur de l'enfant du côté de l'avarice ou du côté de la prodigalité, deux choses également fâcheuses. Il est important de rendre l'enfant parfaitement libre en face de l'argent, de façon qu'il sache l'épargner, quand rien ne le force à le dépenser, mais qu'il sache aussi le sacrifier, quand les occasions d'être généreux se présentent à lui.

Walter Scott fait dire à l'un de ses héros que l'argent a tué plus d'âmes que le fer n'a tué de corps. On ne saurait, en effet, se pénétrer assez de l'importance de l'argent et du rôle qu'il joue dans la vie humaine et se garder de le méconnaitre absolument ou de lui donner une place trop grande dans l'éducation. L'idéal serait d'élever les enfants de telle façon, qu'ils réalisent la pensée d'un écrivain qui disait : « une juste mesure dans la manière d'acquérir, d'économiser, de dépenser, de donner, de recevoir, de prêter, d'emprunter et de disposer de l'argent serait à peu de chose près l'indice de la perfection humaine. »

HEURES PRÉCIEUSES DU FOYER

> Rien n'échappe aux regards des enfants ; ils semblent s'amuser d'une mouche et lisent bien souvent l'homme jusqu'au fond de l'âme. — Abbé ***.
>
> Il y a de l'analogie entre la culture des plantes et l'éducation des enfants : en l'une et l'autre, c'est la nature qui doit fournir le fonds. — DUMARSIS.

Tout a de l'importance dans la vie du foyer, et quand il est question du bonheur domestique, chaque heure mérite une attention particulière, soit qu'il s'agisse de la bonne entente des membres de la famille ou de l'éducation des enfants.

Trois ou quatre fois par jour la table est dressée ; petits et grands s'y rencontrent et trouvent l'occasion de se voir, de causer, de vivre plus intimément. Pendant de longues heures, chacun est allé à ses affaires, les petits à l'école, les grands au travail ; puis le moment est venu où la table réunit tout le monde. Heure précieuse dans l'existence du foyer, moment important aussi bien pour l'esprit, l'âme et le cœur que pour le corps !

Nous pourrions tout d'abord dire quelques mots des changements que les repas ont subis, depuis que la vie impose plus d'exigences dans tous les domaines. Beaucoup nous disent que la nourriture, au commencement du siècle, était plus grossière, moins abondante et moins hygiénique qu'aujourd'hui. On mangeait très vite et sans souci des convenances ; dans certaines familles, on ne s'asseyait même pas ; il semblait que les quelques minutes consacrées à manger fissent du tort au petit moment de repos que toute famille, même très pauvre, s'accorde à midi et le soir. Nous parlons naturellement du peuple, du paysan ou de l'artisan ; cependant nous ne voyons pas que l'insouciance avec laquelle on mangeait n'importe quoi, le plus vite possible, ait produit les résultats auxquels on pouvait s'attendre. Ceux d'entre nous qui ont connu leurs grands-pères, se souviennent des superbes dents qu'ils ont pour la plupart emportées au tombeau, et ces dents n'avaient certes pas été achetées chez le dentiste ; les estomacs étaient à toute épreuve ; et notre génération qui souffre tant de dyspepsies, de gastralgies, crampes et troubles digestifs, pourrait envier certains vieillards qui ont pourtant bien travaillé et peu ou mal mangé, et chez lesquels l'estomac soutient seul la charpente chancelante.

Dans les classes élevées de la société, les repas ont été l'occasion d'étaler un luxe vraiment inconcevable. Nous ne parlerons pas des banquets grecs ou romains dont les historiens de l'époque tracent des tableaux incroyables ; c'était un luxe non seulement de mets et de couverts, mais de fleurs, de musique et de toilettes. On en peut dire autant de notre époque ; les repas officiels et privés se distinguent souvent par une élégance et une variété qui mériteraient l'admiration, si l'on ne faisait inconsciemment un retour sur ceux qui voudraient pouvoir se nourrir des miettes qui tombent de ces tables.

Mais, malgré toutes ces splendeurs, les estomacs ne s'en portent pas mieux, et il est encore préférable de manger un morceau de pain sec avec bon appétit que de manger sans faim et sans plaisir des plats succulents.

Pour nous, à qui une nappe et des serviettes propres paraissent déjà un petit luxe, nous tâcherons de suppléer à la frugalité de notre table et à l'absence de musique et de fleurs, en regardant nos enfants, fleurs vivantes, et en écoutant leurs petites voix, qui sont pour nous les plus doux des instruments. Mais que cette musique ne dégénère pas en charivari, comme il arrive trop souvent, et que les petits n'accaparent pas la parole exclusivement. Ce n'est pas en cela que consiste l'utilité et l'agrément des repas de famille.

Que le père et la mère mangent en compagnie de leurs enfants, causent avec eux, s'intéressent à leur conduite, à leurs travaux et profitent de cette heure de répit pour développer leur intelligence et former leurs cœurs. Notre vie contemporaine ne favorise pas précisément ce moyen éducatif. Nombre de pères se rendent au travail de bonne heure, ne reviennent pas au logis pour le dîner et rentrent quand leurs enfants sont couchés. C'est une des exigences regrettables de la vie actuelle que cette absence du chef du foyer. Il y a toutefois un jour où il lui est possible de prendre sa revanche ; beaucoup en profitent, travaillant consciencieusement pendant toute la semaine sous la perspective du dimanche, où l'on jouit d'autant plus de se trouver réunis. La causerie va son train, on traite les sujets les plus variés, des travaux accomplis, des travaux à exécuter, des déceptions, des espérances, des chagrins et des joies. Que le père et la mère s'enquièrent de ce que les enfants ont fait ou lu pendant la semaine, qu'ils retrouvent leurs propres souvenirs à leurs petits récits, et soient heureux de voir leur esprit s'ouvrir, leur mémoire se meubler, leur jugement s'affermir ; qu'ils expliquent, racontent, complètent, tirent de leur propre fond et de l'expérience de la vie des applications et des développements intéressants. Quelle différence entre ces repas agrémentés par d'utiles causeries et ces repas muets et tristes, ou assaisonnés par des banalités et de la médisance !

On pourrait dire, en effet, qu'il y a trois manières de prendre les repas en famille, et j'appellerais volontiers ces derniers de noms qui les caractérisent : *les repas silencieux, les repas dangereux, les repas utiles.*

Certains parents, très au courant des formules de politesse et voulant inspirer à leurs enfants la connaissance des principes du bon ton, exigent de ces derniers le plus absolu silence. On n'entend pendant les repas que le bruit des ustensiles auquel se joint de temps à autre quelque observation de la maîtresse de maison. Le nombre de ces fanatiques du code des convenances n'est pas considérable, mais ils existent. Il est facile de se représenter le peu d'attrait que doivent éprouver les enfants pour ce moment ; si ce n'étaient les exigences de l'estomac, ils se passeraient fort bien de cette obligation.

D'autres foyers retentissent à l'heure des repas des conversations les plus bruyantes. Les parents, oubliant que l'enfant « sent l'imperceptible », qu'il déchiffre, qu'il lit, qu'il pénètre et finit souvent par tout comprendre, se laissent aller au plaisir de la conversation, commettant imprudences sur imprudences, sans se rendre compte des conséquences fâcheuses, des ravages même que leurs paroles irréfléchies peuvent produire dans l'âme de leurs enfants et de leurs domestiques. Grâce à une excitation charnelle, on se laisse aller à des plaisanteries, à des critiques acerbes, à des commérages, à des jugements sans charité, à de coupables entretiens. Oh! que la famille soit plutôt le séjour de la paix et de la bienveillance, un sanctuaire fermé aux questions qui troublent, qui dessèchent, mais ouvert à ce qui élève, ennoblit et sanctifie.

Les repas peuvent et doivent offrir aux parents une occasion très favorable de développer moralement leurs enfants, et dans une époque absorbante comme la nôtre, où la vie du foyer est accidentée et réunit si rarement petits et grands, les heures du dîner et du goûter sont trop précieuses pour qu'on ne les mette pas à profit. Il est vrai qu'une famille unie a bien des choses à se dire, que les récits et les confidences vont leur train, que les événements du jour donnent déjà ample matière à causeries ; mais, que les parents ne négligent jamais de montrer un intérêt réel aux travaux et aux jeux de leurs enfants, qu'ils tiennent compte des moindres incidents pour donner à leurs discours, à leurs conversations une tournure attrayante ; qu'ils se gardent de frapper la conscience de l'enfant par des recommandations dont ils ne donnent pas eux-mêmes l'exemple. Le manque de droiture, les petits mensonges, les rancunes et les vengeances blessent le sens moral et le cœur d'un enfant plus profondément qu'on ne le suppose. En profitant du temps passé autour de la table, notre jeunesse retrouvera en quelque mesure ce qu'autrefois on lui donnait à profusion dans les longues soirées et les longues heures d'intimité, troublées aujourd'hui par les exigences de la vie sociale, la multiplicité des assemblées, des comités et tout l'attirail que la société actuelle impose au détriment de la vie de famille.

Il est un fait non moins important qui tend à se généraliser dans notre époque et qui devient contagieux, c'est celui des courses ou des promenades en famille. On ne saurait trop l'encourager. Il est intéressant de voir, dans les belles soirées du dimanche, la foule des promeneurs, petits et grands, père, mère et enfants, se diriger vers la forêt, pour y respirer l'air pur et y cueillir les fleurs nombreuses de la saison. Ce plaisir est doublé au retour, lorsque chacun rentre au logis, les mains garnies de bouquets, les chapeaux enguirlandés de fougères et de lierre. Lorsqu'un dimanche plein de soleil a permis à tous les travailleurs de passer la soirée dans les bois, il me semble que le travail de la semaine doit se resssentir de ce bain d'air rafraichissant, il me semble que l'humeur des parents, la conduite des enfants doivent s'épurer au contact de la nature et que le foyer doit s'égayer des bonnes dispositions acquises. On a fait provision de paix, de sérénité, d'impressions radieuses, de vues splendides.

Pour l'observateur, il y a ample moisson de réflexions à faire, en examinant les physionomies des promeneurs, et je puis garantir que l'influence de ces courses champêtres est des plus avantageuses au développement moral du foyer. La nature a le privilège d'ouvrir les cœurs; il n'est pas possible de prendre avec soi les soucis et les tracas du logis, et je sais nombre de ménages qui retirent de précieux bienfaits de ces petits voyages au grand air. Ils sont un délassement des plus utiles pour les parents qui trouvent l'occasion toute naturelle de laisser derrière eux pour un moment les préoccupations habituelles de la vie quotidienne. Ils sont pour les enfants un salutaire exercice et un moyen de s'instruire dans toutes les choses que la campagne révèle à leur jeune intelligence. Ils laissent, en outre, de réconfortants souvenirs. Il est telle de ces courses qui se grave en traits ineffaçables et que l'on reverra avec joie jusque dans la vieillesse toute blanche. « Des plaisirs simples que goûte la famille, disait un vieillard, aucun ne s'est effacé de ma mémoire. Je ne sais ce que sont devenues les fêtes du monde auxquelles j'ai assisté. Mais la moindre course à travers plaines et montagnes s'est gravée là; je la revois, que dis-je, je la refais toute ma vie. »

Il est inutile d'insister sur le rôle éducatif des promenades champêtres. Les occasions d'élever l'âme, de développer le cœur, d'ouvrir l'intelligence des enfants se rencontrent à tous les pas et, comme le désir des parents doit être de voir grandir leurs enfants en sagesse et en grâce, ils ont là un vaste domaine à exploiter utilement.

N'est-ce pas là une des mille occasions de développer le caractère de nos enfants et de leur apprendre qu'il n'y a pas de choses indifférentes ou insignifiantes ?

Aux promenades champêtres peuvent s'ajouter quelquefois des courses plus importantes. Qui dira le plaisir de gravir une montagne, d'aller sur les hauteurs mal dîner sur la mousse ? Quel événement que le projet médité à l'avance d'une semblable équipée ? La crainte de la pluie, les imperfections du baromètre, les préparatifs des provisions défraient les conversations pendant plusieurs jours. Vous souvenez-vous des émotions de la veille, de l'heure du départ, des attraits de la marche, des charmes de la route et de l'enthousiasme de l'arrivée ? Vous rappelez-vous la joie du moment où, sacs à terre, on déballe les provisions, les bouteilles, le pain, les œufs, les fruits ? Comme tout cela est excellent ! Comme on mange de bon appétit ! « On monte, on foule les gazons élastiques, on respire à pleins poumons l'air des cimes, on contemple ces aspects splendides, vus et revus cent fois et que l'on compte bien revoir. Se lasse-t-on jamais des vraies beautés ? Enfin, après une journée qu'on a faite aussi grande que possible en l'allongeant par les deux bouts, on rentre chez soi à la nuit close, le cœur rempli d'actions de grâces et d'ineffables souvenirs. »

Oh ! cet enchantement de l'été qui flamboie !
Oh ! la plaine infinie et l'éther lumineux,
Et la tiédeur des bois tout alanguis de joie,
Et la chanson des nids qui s'éveillent en eux !

Jouissons de la nature ! profitons des heures précieuses de l'intimité du foyer ! faisons provision de bonheur pour les jours d'infortune. Dieu nous a donné toutes choses abondamment pour en jouir.

SOUCIS D'ARGENT

> Que sert de n'avoir point d'or dans sa bourse, si on l'a dans son cœur.
> Léo Quesnel.
>
> J'estime l'argent comme une économie de forces et de temps. A. Hayem.

Il existe peu de foyers domestiques où ce genre de soucis ne fasse son apparition à quelque moment donné et pour plus ou moins longtemps. Quoiqu'il puisse sembler à certaines natures très supérieures que les questions d'argent aient une importance secondaire, nous pensons que la lutte pour le pain quotidien et les inquiétudes qui s'y rattachent sont une des voies dont la

Providence se sert le plus fréquemment pour le développement général de l'homme.

Le proverbe qui dit : « Plaie d'argent n'est pas mortelle, » n'est vrai qu'à demi ; sans parler de la grande armée des misérables qu'un travail acharné et souvent malsain fait mourir à petit feu, nous pouvons affirmer que, dans des conditions sociales plus élevées, les soucis d'argent très prolongés ont affaibli les plus forts et même parfois ravagé et détruit les tempéraments les plus robustes.

Nous ne traiterons pas ici la question de la lutte pour l'existence : le travail est une nécessité et une bénédiction ; nous ne parlerons pas non plus de ceux qui doivent leurs inquiétudes pécuniaires à des vices connus ou cachés : intempérance ou paresse chez l'homme, désordre ou amour du luxe chez la femme ; nous voudrions arrêter notre attention sur les ménages nombreux et bien dignes d'intérêt qui, habitués et presque obligés à une espèce de confort, ne parviennent à nouer les deux bouts que grâce à un travail opiniâtre et à des prodiges de savoir-faire et d'économie. Cet état de gêne presque permanent vient de ce que les ressources très modestes ne correspondent pas aux besoins de la famille, ou de ce qu'une maladie, une perte d'argent ou un imprévu quelconque ont rompu l'équilibre du budget. Nous rangerons encore dans cette catégorie les jeunes gens sans fortune qui, méprisant la sagesse de ce monde qui conseille d'attendre et d'être prudent, se lancent un peu étourdiment dans le mariage, persuadés qu'à deux, ils travailleront à double, ce en quoi ils n'ont pas absolument tort. On a vu de ces unions (où l'amour et la confiance en l'avenir ont prévalu sur tous les conseils) être particulièrement heureuses de toutes manières. Toutefois dans le plus grand nombre des cas, quoiqu'on travaille réellement à double, les soucis ne tardent pas à surgir ; les enfants à élever, mille dépenses inattendues, des maladies, tout concourt à surcharger un budget à peine suffisant en temps ordinaire. Aussi que de combinaisons, que d'angoisses pour parvenir à continuer d'être décemment logé et vêtu, et pour maintenir son crédit auprès des fournisseurs ! c'est précisément cette lutte incessante, vrai rocher de Sisyphe, que nous avions à cœur d'examiner.

Bien des forces et bien des santés se sont épuisées dans ce travail; d'autres s'y sont retrempées; mais quoi qu'il en soit, c'est une rude école, surtout pour ceux auxquels l'avenir n'offre aucune perspective d'amélioration; car le caractère le plus pénible de ce genre d'inquiétudes, c'est leur persistance et leur opiniâtreté; on l'a dit d'ailleurs avec beaucoup de raison : « Ceux qui ont le dessous dans le combat de la vie ont bien peu de chances de se remettre à flot. » C'est une préoccupation, souvent si absorbante, qu'elle en vient à paralyser les autres facultés. Et cette lutte se poursuit, dans bien des cas, depuis la vigoureuse jeunesse jusqu'à la blanche vieillesse, ne laissant d'autre répit que celui qu'amènent avec elles d'autres épreuves plus accablantes : les souffrances morales, la maladie ou le deuil.

Cependant la Providence a si sagement distribué les biens et les maux, que chaque douleur porte avec elle ses compensations; si les soucis d'argent sont cruels, ils sont aussi bien souvent un lien qui cimente et resserre les affections dans la famille. Un mari et sa femme s'ingéniant à l'envi pour se procurer de nouvelles ressources ou pour faire durer celles dont ils disposent, s'aimeront et s'estimeront de plus en plus; leurs idées et leurs forces concentrées sur ce but, les empêcheront de ressentir mille froissements d'amour-propre, mille incompatibités d'humeur, qui gâtent trop souvent l'existence de ceux qui vivent dans l'aisance ou l'opulence.

C'est si vrai que ceux qui, après un travail persévérant, sont parvenus à un certain bien-être, pensent parfois en soupirant au temps où ils peinaient ensemble dans la paix et dans la confiance mutuelle. Acceptons donc, comme le dit Guizot, les épreuves de fortune comme des égratignures dans la vie et non comme de vraies blessures. Le mot « égratignure » est un peu faible; il est à présumer que M. Guizot avait d'autres ressources que le travail de ses doigts ou de sa plume pour subvenir aux besoins de sa famille; toutefois, quels que soient nos soucis en cette matière, persuadons-nous bien que, loin d'empoisonner la vie, ils peuvent devenir, supportés noblement, une source de bénédictions pour nous et pour nos enfants.

PATRIOTISME

A PROPOS DU 1ᴱᴿ AOUT 1891

> La patrie est un grand corps qui a ses moments de faiblesse et de malaise, ses maladies, ses infirmités, mais dont la vitalité puissante a d'inépuisables ressources et ne connait pas la vieillesse.
>
> VESSIOT.
>
> On sert mal sa patrie quand on la sert aux dépens des règles saintes.
>
> MASSILLON.

La Suisse a célébré le six centième anniversaire de sa fondation. D'un bout à l'autre du territoire helvétique et dans tous les lieux du monde où se sont trouvés quelques enfants du pays, les 1 et 2 août ont été jours de fête. On a commémoré aussi bien à Saint-Gall, à Genève et à Schwyz, qu'à Paris et à New-York la date du Pacte juré par les cantons primitifs en 1291. Il y a eu de l'enthousiasme dans les cœurs, un véritable réveil du patriotisme suisse. La famille, l'école, les sociétés de tous genres ont pris part à la joie générale. Nous n'avons pu rester indifférents à cette solennité, et cela d'autant moins que le patriotisme est une vertu à développer, à propager et à conserver dans le cœur des grands et des petits.

C'est, en effet, chose sérieuse que le patriotisme; il n'est pas permis d'en parler en termes vulgaires ou même familiers, non plus qu'en phrases sonores et ronflantes, mais avec une noble simplicité, avec une gravité recueillie ou avec passion. Et cela parce qu'une nation n'est pas seulement le résultat d'un rapprochement fortuit de personnes, parlant la même langue, pratiquant les même coutumes, ayant les mêmes mœurs, appartenant à la même race, ou se trouvant dans la même situation géographique : une nation est une grande famille unie par un passé historique.

« Une nation, disait M. Renan, il y a dix ans dans une conférence, une nation est une âme, un principe spirituel. Deux choses qui, à vrai dire, n'en font qu'une, constituent cette âme. L'une est dans le passé, l'autre dans le présent. L'une est la possession en commun d'un riche legs de souvenirs, l'autre est le consentement actuel, le désir de vivre ensemble, la volonté de continuer à faire valoir l'héritage qu'on a reçu indivis.

L'homme ne s'improvise pas. La nation, comme l'individu, est l'aboutissant d'un long passé d'efforts, de sacrifices et de dévouement. Le culte des ancêtres est de tous le plus légitime; les ancêtres nous ont faits ce que nous sommes. Un passé héroïque, des grands hommes, de la gloire (j'entends de la véritable), voilà le capital social sur lequel on assied une idée nationale. Avoir des gloires communes dans le passé, une volonté commune dans le présent, avoir fait de grandes choses ensemble, vouloir en faire encore, voilà la condition essentielle pour être un peuple. On aime en proportion des sacrifices qu'on a faits, des maux qu'on a soufferts. On aime la maison qu'on a bâtie et qu'on transmet. Le chant spartiate : « Nous sommes ce que vous fûtes, nous serons ce que vous êtes » est dans sa simplicité l'hymne abrégé de toute patrie. »

Ainsi l'idée de patrie embrasse au fond toute la vie sociale et intime d'un peuple, le passé, le présent et l'avenir. Elle comprend le sol, la race, la langue, la religion, les lois, le gouvernement, les intérêts, les souvenirs du passé, les inquiétudes du présent, les espérances de l'avenir. La patrie, c'est donc un même esprit animant d'innombrables êtres, les faisant vivre de la même vie, souffrir les mêmes souffrances, jouir des mêmes joies, et s'enorgueillir du même orgueil.

La patrie n'est donc pas un vain mot qui doive désigner seulement le pays auquel nous appartenons par la race, mais une réalité, une personnalité en quelque sorte, à laquelle nous sommes unis par les liens de l'amour et de la reconnaissance. Nous lui devons tous les bienfaits dont nous jouissons, trop souvent avec l'inconscience de l'habitude. C'est elle qui nous a préparé la situation dont nous profitons ; elle est, comme on l'a si bien dit : un champ toujours en semailles et toujours en moissons.

Nous moissonnons les semailles de nos ancêtres, et nous semons les moissons de nos héritiers. La patrie a été la gardienne fidèle de tous les résultats des travaux antérieurs, elle a capitalisé pour nous le passé, elle a accumulé à travers les siècles des efforts incalculables, elle a conservé pour les générations suivantes l'œuvre de son développement. Elle ne pourvoit pas seulement à notre bien-être, à notre existence matérielle, elle met à notre disposition ce qui sustente le cœur et l'esprit. Toute notre vie se ressent de son influence; nos mœurs, nos goûts, nos désirs, nos passions même sont modifiées par son action.

En présence de ce rôle immense de la patrie, deux sentiments doivent naître tout naturellement chez tout homme de cœur : la reconnaissance et l'amour. La réunion de ces deux vertus constitue le patriotisme. Le patriotisme sincère (car il y en a un qui ne l'est pas, et c'est toujours le plus bruyant) prend sa source dans un légitime orgueil; il est un devoir. Il n'est pas nécessaire d'apprendre à un enfant l'amour et la reconnaissance envers ses parents; il ne devrait pas être nécessaire non plus d'enseigner à l'homme l'attachement et la gratitude pour son pays. Toute âme saine éprouvera ces sentiments et s'efforcera d'en montrer la vivacité. Et comment ?

Les paroles ont ici peu de valeur, les actes sont l'important ; on jugera du patriotisme de quelqu'un non point par ses discours, par ses manifestations bruyantes et trop souvent de parade, mais par son caractère, par sa vie, par son dévouement, par ses vertus, par ses mérites, et, si l'heure du danger venait à se présenter, par son courage. Il y a donc une étroite parenté entre le patriotisme et l'honnêteté. Tous les vices ont comme conséquence de diviser les hommes et de détruire l'estime réciproque. Ils désagrègent le corps social, compromettent l'intérêt général et font rejaillir sur le pays auquel on appartient le déshonneur et la honte. Toutes les vertus au contraire rapprochent les cœurs, resserrent les liens sociaux, propagent le bien être, facilitent les relations et contribuent à l'honneur et à la gloire de la patrie. Le patriotisme est ainsi un sentiment propre à moraliser et l'on peut dire que, plus un homme tend à son perfectionnement, plus il aime le bien et fuit le mal, plus il comprend ses devoirs et travaille à son développement moral et à celui des autres, plus il mérite le nom de patriote.

« Tu n'es pas, disait un père à son fils, une feuille détachée et vagabonde que le vent pousse au hasard, tu es un anneau de la chaîne humaine qui se continue à travers les siècles. Tu es appuyé dans ta vie par les efforts de ceux qui t'ont précédé et tu appuieras des tiens ceux qui te suivront. Rien de ce qui se fait d'honnête n'est perdu ; le patrimoine de notre race va se grossissant du travail des générations qui se succèdent; le plus humble de nous qui défriche un coin de champ y apporte son appoint. Dans ta modestie, te refuses-tu à admettre que tu puisses y rien ajouter, je veux te prouver que tu te trompes. La patrie n'existe que par les citoyens qui remplissent leurs devoirs ; si tu vis en honnête homme, tu auras donc contribué à sa durée. Il est nécessaire pour ceux qui viendront demain que la patrie vive aujourd'hui, puisque c'est par elle que la civilisation sera transmise à cette génération nouvelle ; de sorte que, s'il faut des efforts pour accroître le patrimoine national, il en faut déjà rien que pour le conserver. En vivant honnêtement, tu participeras au moins à ces derniers, tu seras utile. »

Ce sont ces doctrines-là que nous aimerions voir se propager, et c'est bien cet enseignement que tous les anniversaires patriotiques doivent donner aux générations présentes. Les grands mots, les phrases ronflantes ont fait leur temps, ce sont des actes qu'il faut ; nos ancêtres ont sacrifié sans vanité leurs intérêts matériels et leur vie pour l'indépendance de leur patrie, c'est-à-dire qu'ils ont travaillé et agi ; or, si l'intégrité du territoire réclame moins de sacrifices des hommes de notre époque, la patrie n'a pas moins besoin de l'amour de ses enfants, de cet amour se traduisant par un dévouement constant à ses institutions, par un respect sacré de ses traditions, par un attachement de tous les jours à ses lois, par une incessante préoccupation de son honneur et de sa prospérité.

Le patriotisme étant une vertu, il fait partie de l'éducation et doit être enseigné à l'enfant. C'est ce qui a suggéré aux autorités suisses l'idée de faire participer le plus possible la jeunesse de toutes les écoles à la célébration de la fête du 1er août 1891. Tous les enfants de nos collèges ont préparé de longue date le chant patriotique rappelant le *serment des trois Suisses* pour le chanter à la date fixée, et ont reçu un souvenir de cette commémoration solennelle. Les origines de la Confédération suisse, l'histoire du passé ont fait l'objet de bien des leçons en classe, de bien des entretiens dans les foyers, de bien des conversations parmi les citoyens. Ce sujet a été la préoccupation de tous, et nul doute qu'il n'en soit résulté de sérieux avantages pour le développement des vertus civiques et sociales. Puisque la patrie n'est pas seulement un espace de terrain plus ou moins grand, dont on voit la représentation sur la carte, mais qu'elle est un ensemble d'institutions, de mœurs, d'habitudes, une association d'hommes qui, à côté d'autres associations, revendique sa part de dignité, d'influence politique, de puissance légitime, il faut apprendre le plus tôt possible à toute la génération actuelle à l'aimer, à la soutenir, à la défendre. On dit que c'est l'éducation qui est la nourrice du patriotisme. Mais que faut-il dire à nos descendants et comment faut-il le leur dire ?

En tout premier lieu, il importe que l'enfant ait une idée bien nette de ce qu'est sa patrie et de tout ce que comprend ce mot sacré. Il faut exposer devant lui tous les motifs qui lient les hommes d'un même pays, tous les liens qui les unissent, toutes les institutions qui les intéressent, toutes les œuvres qui les rapprochent, tous les souvenirs glorieux et tristes qui appartiennent à l'histoire de leur nation, toutes les craintes, les espérances et les ambitions qui rentrent dans l'idée de patrie.

Il est nécessaire de retracer clairement devant l'enfant tout ce que le passé offre en événements importants, depuis le jour où les citoyens rêvèrent l'indépendance du sol, jusqu'au dernier des faits qui concoururent à la réaliser : les luttes du début, les difficultés des siècles, les obstacles dont il a fallu triompher, le sang qu'il était nécessaire de verser, les sacrifices à accomplir, les ennemis à vaincre, les traités à conclure, toutes les circonstances heureuses et difficiles qui ont favorisé ou arrêté la réalisation du grand but poursuivi : l'histoire, en un mot, l'histoire politique, morale et sociale, afin que l'enfant sache bien ce qu'ont fait ses pères, quelles vicissitudes ils ont traversées, quelles douleurs ils ont souffertes, afin qu'il vive en eux et qu'ils revivent en lui.

Puis, sans exagération, après avoir montré ce qu'a été le passé, il faut dire ce que doit être le présent et ce qu'il faudrait que fût l'avenir, tout ce que l'on a fait et tout ce qui reste à faire ; dépeindre son pays comme celui qui mérite le plus d'amour, le plus de dévouement, sans cacher toutes les erreurs commises malgré toutes les gloires conquises, et en déduire pour la génération future de précieuses et encourageantes leçons.

Il conviendrait, en outre, de faire passer sous les yeux de l'enfant la galerie des héros qui n'ont reculé devant aucun sacrifice pour assurer le bien de leur pays, qui ont placé l'idéal patriotique bien au-dessus de leur intérêt personnel, et qui n'ont songé qu'à l'honneur et à la liberté de leur nation.

« Les peuples, comme les individus, a dit Smilès, trouvent leur appui et leur force dans le sentiment qu'ils appartiennent à une race illustre, qu'ils sont les héritiers de sa grandeur et doivent perpétuer sa gloire. Il est d'une importance capitale qu'une nation ait derrière elle un grand passé à contempler. C'est là ce qui affermit sa vie dans le présent, ce qui l'élève et la soutient, l'illumine et la transporte, par la mémoire des grands actes, des nobles souffrances, des valeureuses entreprises de ses ancêtres. La vie des nations, comme celle des hommes, est un vaste trésor d'expérience ; bien employé, il conduit au progrès social ; mal employé, il n'en sort que des rêves, des illusions et des fautes. »

Il y a, d'autre part, un grand sujet à traiter dans la peinture des traits de caractère de sa race, des particularités de son peuple, des usages de sa nation. En montrant les qualités qui sont particulières aux habitants de son pays, il n'y a pas à craindre de développer dans le cœur de la jeunesse l'orgueil national ; celui-ci a sa raison d'être, car il est une des forces intimes de la vie sociale. Il est permis même de présenter tout ce qui est de nature à nous enorgueillir d'appartenir à un pays comme le nôtre, de rappeler tout ce que nous n'avons pas et qu'il est nécessaire d'acquérir, de réveiller ainsi un saint enthousiasme pour les buts à atteindre, en disposant de toutes les ressources possibles. Puis on devra, par la mention des actes odieux, des trahisons accomplies, des lâchetés commises, flétrir tout ce qui a nui aux progrès et mettre en garde la jeunesse contre les faiblesses et les tentations dont les conséquences sont irréparables et jettent sur celui qui s'y abandonne une flétrissure éternelle.

D'ailleurs, les nations, comme les hommes, se développent et se fortifient par les souffrances. Les chapitres les plus émouvants de leur histoire sont souvent ceux qui racontent les douleurs au milieu desquelles leur caractère s'est développé. L'amour de la liberté et le sentiment patriotique peuvent avoir fait beaucoup, mais l'épreuve et la souffrance, noblement supportées, ont fait bien davantage.

Enfin, il ne faut pas oublier d'attirer l'attention des descendants sur les vrais caractères du patriotisme de bon aloi, en les prévenant contre les préjugés nationaux, les vanités et les haines nationales, en flétrissant, comme il le mérite, le patriotisme de parade, celui qui ne fait que ressasser les griefs enterrés et les maux guéris, le patriotisme bruyant qui chante des chansons et agite des drapeaux. On fera avec émotion le tableau du patriotisme sincère, qui fortifie et élève une nation, qui fait son devoir toujours, qui mène une vie sobre, honnête et droite, et qui met à profit toutes les occasions qui s'offrent pour arriver au progrès véritable.

Et de tout cela il faut parler avec émotion, d'une façon grave et pénétrante, pour que l'enfant comprenne qu'il s'agit de quelque chose de sérieux, d'un sujet sur lequel la plaisanterie n'est pas permise, d'un sujet qui mérite d'être écouté avec attention, d'un mot qui dit beaucoup et qui doit exciter notre admiration et provoquer notre respect.

Une éducation patriotique dans ces conditions, commencée et complétée au foyer, développée à l'école, fera des citoyens utiles, des hommes convaincus, des êtres honnêtes et prêts pour la patrie à tous les sacrifices qu'elle peut réclamer de ses enfants. Que dire encore ? Nous ne pourrions mieux clore nos réflexions qu'en citant les paroles de M. Ch. Bigot, en appliquant à notre patrie ce qu'il dit si bien en parlant de la sienne :

« Comme dans la famille on garde précieusement les souvenirs communs, comme on célèbre les anniversaires, comme on se réunit à certains jours, ainsi je voudrais que dans une nation la solidarité fût une incessante pensée. Il y a un entrainement moral, comme il y a un entrainement physique. Ce n'est pas une heure d'exaltation, ici ou là, qui suffit à faire de véritables citoyens. La vertu n'est pas un acte généreux, isolé ; la vertu, c'est l'habitude prise de bien faire.

« Je voudrais que la patrie fût un culte, qu'à l'école, à la caserne, au foyer, dans la vie, ce culte fût célébré comme il doit l'être ; je voudrais que pour tous, également

ment, certains jours fussent des jours de joie et d'autres jours des jours de deuil ; comme l'Église a ses cérémonies, ainsi je voudrais que le culte de la patrie eût les siennes, réunissant tous les cœurs dans une même émotion. Si le patriotisme est fait de tout ce qui divise, il est fait aussi de tout ce qui rapproche.

« La Suisse peut prendre ses enfants pour juges de ce qu'elle vaut. Malgré ses défauts et ses faiblesses, elle peut faire tout haut son examen de conscience devant ses fils ; elle peut leur raconter sa vie tout entière sans en rien dissimuler. Sa confession terminée, elle peut leur dire à tous : « Et maintenant, telle que j'ai été, telle que je suis, m'aimez-vous ? Mon nom, voulez-vous le garder ? Mon œuvre, voulez-vous la poursuivre ? Si quelqu'un m'attaque, êtes-vous résolus à me défendre ? » Tous, d'une seule voix, répondront : « Mère sacrée, tu peux compter sur nous ! »

TABLE

	Pages.
Préface	1
La vie humaine	3
Le « moi »	9
La faiblesse	15
La minutie	23
L'oubli	33
La distraction	41
La patience	49
L'humeur maussade	57
La gaieté	67
L'enthousiasme et l'imagination	73
La culture générale	79
De la blague	89
Le tact	97

	Pages.
Les petites choses.	105
Les causes et les effets	111
Petits soins, grands bienfaits	117
Des manières	123
La passion de la lecture	129
L'esprit de contradiction	143
Faire comme les autres.	151
Modification du caractère	159
Les voyages	165
Changements d'opinion	173
L'équilibre des pouvoirs	179
La famille et l'argent	189
Heures précieuses du foyer	221
Soucis d'argent	233
Patriotisme	239

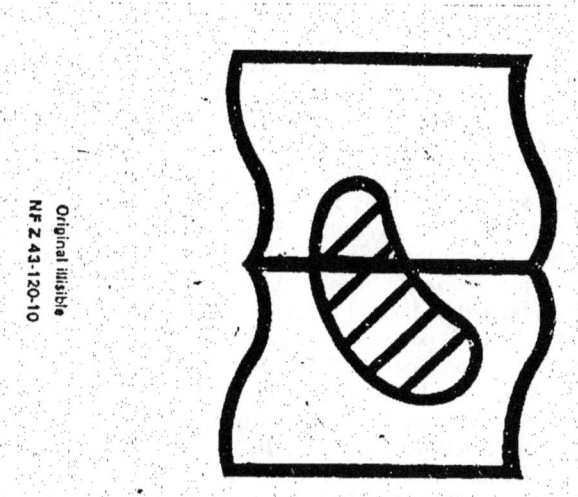

A LA MÊME LIBRAIRIE

Les Chansons de nos Grand'mères, recueillies par Alfred Godet. Nouvelle édition avec illustrations par Mlle Lucie Attinger, accompagnements de piano par J. Lauber. 1 vol. in-4 oblong, cartonné . . . . Fr. 4 —
— Tome II . . . . Fr. 4 —
— Tome III et dernier . . . . Fr. 4 —
Marthe et Régina, ouvrage pour la jeunesse, par L. C. 1 volume in-12 . . . . Fr. 2 —
Jean-Louis, par A. Bachelin, 2e édition. 1 volume in-12. Fr. 3 50
Un crime involontaire. Deux nouvelles par Mme Rivier. 1 volume in-12 . . . . Fr. 3 50
Lonny la Bohémienne. Esquisse de la vie et des mœurs du peuple suisse dans la première moitié de ce siècle, par J. Joachim, traduit de l'allemand par Mlle A.-B. Clément. 1 vol. in-12. Fr. 3 50
Frédégonde, par F. Dahn. Traduction de Edm. de Perrot. 1 vol. in-12 . . . . Fr. 3 50
Autour du Cœur, par Mlle M. Cassabois. 1 vol. in-12. . Fr. 3 50
Au coin du Feu, Contes par Richard Leander. 1 vol. in-12. Fr. 2 50
Croquis jurassiens, par L. Favre. Illustrés de 56 vignettes dans le texte et hors texte par Ed. Jeanmaire. 1 volume in-12. Broché, Fr. 4 ; relié . . . . Fr. 5 25
Nos paysans, par Adolphe Ribaux. Nouvelles neuchâteloises avec illustrations par Eugène Colomb. 1re série. 1 vol. in-12. Fr. 3 50
— IIe série. 1 volume in-12 . . . . Fr. 3 50
Braves gens (Nos paysans, 3me série). 1 vol. in-12. . . . Fr. 3 —
Simples récits pour la jeunesse, par E. Frommel. 1 vol. in-12. Fr. 3 —
Le roman de Jean Bussan. Une équipée socialiste à la Chaux-de-Fonds, par Adrien Perret. 1 vol. in-12 illustré . . . Fr. 3 —
Esther Marcel, par Ch. Ecuyer. 1 volume in-12 . . . . Fr. 2 50
Cœur de femme, par Mlle Isabelle Kaiser. 1 vol. in-12. Fr. 3 —
La Comtesse de Lœwenstein, par B. Vadier. 1 vol. in-12. Fr. 3 —
Voix de la Nature. Allégories imitées de l'anglais de Mrs Gatty, par Jeanne Spengler. Broché, Fr. 1 75 ; relié, fers spéciaux Fr. 2 25
Les contes du chanoine Schmid, illustrés en couleur par Mlle Lucie Attinger. Broché, Fr. 1 75 ; relié . . . . Fr. 2 25
Fantaisies à la plume de H. Sandreuter. 1 vol. 4° . . . Fr. 1 —
Jean-Jacques Rousseau et le pasteur de Montmollin, 1762-1765, par Fritz Berthoud. 1 vol. in-12 . . . . Fr. 5 —
Un Hiver au soleil, par F. Berthoud, 2e éd. 1 vol. in-12. Fr. 4 —
L'Esprit et la Sagesse des autres, par Quartier-la-Tente. 1 vol. in-24, avec encadrements rouges. Broché, Fr. 5 — ; relié . . Fr. 6 50
Dictionnaire des jeunes ménages, par une Mère de famille. 1 vol. gr. in-8. Broché, Fr. 6 ; relié . . . . Fr. 7 50
La Folie, causeries sur les troubles de l'esprit, par le Dr Chatelain. 1 vol. in-12 . . . . Fr. 3 —
La folie de J.-J. Rousseau, par le Dr Chatelain. 1 vol. in-12. Fr. 3 —
Rosaire d'amour. Poésies, par Ad. Ribaux. 1 vol. in-12. Fr. 3 50
L'Hygiène du Travail intellectuel, par le Dr O. Dornblüth. Trad. de l'allemand par le Dr R. Godet. 1 vol. in-12. . . . Fr. 1 50

Typ. Attinger frères. — Neuchâtel.

www.ingramcontent.com/pod-product-compliance
Lightning Source LLC
Chambersburg PA
CBHW060229190426
43200CB00040B/1686